마법의
초등영어
매뉴얼

마법의 초등영어 매뉴얼

초판 1쇄 발행 2019년 7월 23일

지은이	임혜선
펴낸이	김병호

책임편집	김슬기
편집진행	송지윤·조은아
디자인	남은혜·김보미·김한나
마케팅	민 호
경영지원	송세영

펴낸곳	주식회사 바른북스
출판등록	2019년 4월 3일 제2019-000040호
주소	서울 성동구 성수이로 70, 5층(성수동2가, 성화빌딩)
대표전화	070-7857-9719
팩스	070-7610-9820
경영지원	02-3409-9719
전자우편	barunbooks21@naver.com
홈페이지	www.barunbooks.com
공식 블로그	https://blog.naver.com/barunbooks7
공식 포스트	https://post.naver.com/barunbooks7
페이스북	https://facebook.com/barunbooks7
트위터	https://twitter.com/barunbooks7
인스타그램	@barunbooks7

ISBN 979-11-90162-34-0 03740

바른북스는 여러분의 다양한 아이디어와 원고 투고를 설레는 마음으로 기다리고 있습니다.
보내실 곳 barunbooks21@naver.com

마법의 초등영어 매뉴얼

임혜선 지음

**한 뼘 더 가까워지는
내 아이 영어 교육 실천법!**

바른북스

Prologue

사랑하는 나의 큰아들은 지금 멋진 청년이 된 20살이다.

하지만 이 아이는 팔삭둥이로 8달 만에 1.7kg 태어났다.

작게 일찍 나온 데다가 폐의 기능이 너무 약해 의사는 마음의 준비를 하라 했고 위기를 넘기더라도 정상적인 아이의 신체발달을 빨리 따라잡지 못하면 여러 가지 병이 올 수 있으니 정상적인 아이의 신체를 빨리 따라잡는 데 집중하라고 했다. 나는 먼저 퇴원을 하고 남편은 모유를 출근길에 병원에 가져다주고 출근하기를 몇 달.

드디어 2kg이 되어 아이는 퇴원을 했다.

하지만 돌이 되어도 아이는 정상적으로 낳은 아이의 신체발달을 따라가지 못했다.

나는 우울했다. 주위의 의사분들에게도 자문하고 자녀교육 백서를 보며 공부에 매달렸다. 그러던 중 하버드 박사가 쓴 두뇌발달이 신체발달을 좌우한다는 책을 보게 되었다.

72개월 전의 아이들에게는 동작성 발달 즉, 수, 과학 발달 영역이 집중력과 두뇌발달에 엄청난 영향을 끼친다는 것이다. 그래서 나는 우리 아이에게 정육면체 나무토막을 던져주며 쌓고 부시고 만들기를 수없이 반복하며 여러 가지 교구를 가지고 놀며 두뇌발달을 활성화했다.

천재적인 과학자 아인슈타인도 72개월 전에 정육면체의 나뭇조각을 가지고 놀았다고 한다.

뇌과학에서도 뇌 가소성(Brain Plasticity Theory)이 증명되었듯이 뇌는 자극을 주면 변하기 때문이다. 그렇다. 그러면 신체도 발달한다. 그렇게만 된다면 정말 미라클이 아닌가!

나는 우리 팔삭둥이 첫아들을 키우며 이 논문을 정확히 실감했다.

두뇌발달의 자극을 주자 우리 아이는 6세 이후 서서히 다른 아이와 신체발달이 맞춰지게 되며 두뇌발달을 자극한 덕분에 8살 때 영재판정을 받았다. 영재판정을 받았다고 모든 아이가 모든 과목을 다 잘하는 것이 아니다. 영재판정을 받았다 할지라도 동작성 발달 즉 수, 과학 영역에서만 뛰어났을 뿐 언어적인 부분이 부족했다. 하지만 나는 독일의 유명한 박사 레너버그(Lnneberg) 박사가 쓴 논문을 되새기며 포기하지 않았다. 사춘기 전에 언어를 습득해야 하며 뇌의 언어는 결정적 시기가 있다고 했다. 언어습득장치(LAD: Language Acquisition Device)는 6세 때 가장 왕성하다. 나는 이 시기를 결코 그냥 지나칠 수 없었다.

나는 여러 박사의 논문을 공부하며 아이의 언어성 능력을 올리기 위해 노력했다.

또한, 하버드 교수였던 언어학자 가드너(Howard Gardner)도 제2의 언어에 노출되기 위해선 강력한 동기가 있어야 한다고 했다. 강력한 동기는 7세 전의 아이들에게 나타나는 예도 있지만 대부분 그렇지 않기에 엄마가 강력한 동기가 있어야 아이를 지도하고 싶은 충동이 생긴다. 또한,

3천 시간 아니 적어도 2천 시간 이상은 제2의 언어적 환경에 노출되어야만 아이들은 제2의 언어를 모국어처럼 받아 들인다.

놀이터 정글짐은 워킹맘인 자녀들의 아지트다. 아이가 18개월쯤 정글짐 밑에 책 읽어 줄 아르바이트를 모집한다는 문구를 써놓고 5~6학년 씩씩한 언니들을 책 읽어 주는 아르바이트를 채용하여 아이에게 책을 읽어 주게 했다. 글 밥이 작은 건 300원, 글 밥이 긴 건 500원이었다.

20년 전에 300원 500원은 아이들에게 결코 적은 돈이 아니었다.

하버드 대학의 로저 브라운(Roger Brown) 박사의 연구에도 만 4세가 되면 모국어가 완성된다고 하니 한국어의 재밌는 동화책으로도 아이에게 많은 자극을 주고 싶었다.

또한, 옥스퍼드에서 현대 언어를 공부하는 멀티 태스커들(Mutil-Taskers)은 튜토리얼(Tutorial) 제도 즉 영어든 한국어든 1:1 학습법을 도용해 학교나 학원에서 배운 언어를 다시 한번 체크 하고 넘어가는 것도 언어 발달의 지름길이라 할 수 있다.

아이는 자기 또래의 큰 누나들이 책을 읽어 주자 집중력은 어마어마해졌다.

노암 촘스키(Noam Chomsky)가 인간은 무한개의 언어 규칙을 만들 수 있도록 타고났다고 했지만 그렇다고 아이의 언어성이 금방 눈에 띄게 좋아지는 건 아니었다.

한 해 두 해를 거쳐 아이는 책을 통해 언어성 발달이 천천히 되어 갔다.

나는 그때 부족한 엄마여서 조급해했다.

지금 생각해 보면 그 초조함이 아이에게 얼마나 불안감이 형성되었는지 그땐 왜 그걸 몰랐을까?

그러던 우리 첫째 아들이 벌써 20살이 되었다 의젓하게 잘 컸고 성격도 온순하기 때문에 주위에 친구들이 정말 많다. 지금은 미국 명문대에 합격증을 받고 진학 준비 중이다.

이 책은 대한민국에서 영어를 가르치는 교사와 자기 아이에게 영어를 잘 가르치기 위한 엄마들의 영어 지침서라 할 수 있다.

꾸준히 아이와 함께 하나하나 책을 통해 영어의 바다에 빠질 수 있다.

나는 학년별로 세심한 책 소개와 함께 영어의 전반적인 교육을 이 책에 쏟아부었다.

3천 시간을 영어 환경에 노출 시켜야 제2의 모국어가 튀어 나온다.

엄마들은 현명해야 한다. 하루속히 아이에게 영어 환경을 노출 시켜줄 시간표를 짜야 한다.

영어 학원을 2년 다녔다고 영어가 줄줄 나오는 것은 아니다. 우리 아이가 영어가 줄 줄 OUT Put이 나오게 하고 싶다면 영어 환경 노출 시간을 정확히 따져보아야 한다.

모국어를 쓰는 사람들이라 해도 모국어 상실(Mother tongue loss)도 종종 일어나기에 유아기 때부터 영어 환경 노출에 막대한 시간을 투자하는 것이 현명하다.

나는 세 아들의 엄마다. 우리 아들들은 모두 박효신 노래를 좋아한다.

대장 노래는 나의 모든 생활에 용기를 주고 힘을 준다.

오늘도 〈좋은 사람〉을 들으며 아이들과 행복의 꿈을 꾼다.

제3장

초등생에서 중등 저학년까지, 꼭 실천해야 하는 영어책 읽기!

제4장

내 아이의 영어 교육, 한 뼘 더 앞서가는 엄마들의 영어 교육과 나의 팁(Tip)

제 1 장

초등영어 학습의 완성,
기본부터 알고 실천하라!

내 아이 영어 교육을 위해 나는 무엇을 준비할 것인가? 대한민국에서 아이를 키우는 엄마들이라면 특히 영어 교육에 관해서는 늘 귀를 활짝 열어놓고 사는 게 정상일 것이다. 아니, 오히려 너무 이곳저곳에 귀를 기울이다 보니 이 말이 맞는지 저 말이 맞지 솔직히 혼란스러울 때도 있을 것이다. 어디 이뿐인가 여기저기 소리만 듣다 막상 내 아이 영어 교육의 적기를 놓치기까지 한다.

나는 늘 영어 교육의 시작을 '어리면 어릴수록'이라는 전제를 단다. 아직은 모국어와 외국어의 혼용에 대해 전혀 거부감이 없고, 언어를 그저 소리로 받아들이고, 한국말인지 영어인지도 모르고 '습득'하며 발화할 수 있는 시기, 즉 '왜 이렇게 말해야 하는 건데?'라며 정확한 모국어를 구사하며 외국어에 대한 번역을 묻기 시작하기 전을 공략하라고 한다. 교육 현장에서 이렇게 늘 외치거늘, 그리고는 내 앞에서 "네! 꼭 그렇게 할게요!"라며 결의에 찬 모습으로 헤어진다. 그런데 몇 년이 지나 헐레벌떡 뛰어와 "벌써 초등학교 3학년인데 어떻게 하죠?"라고 다급하게 묻는 일이 다반사이다. 즉, 이를 악물고 그 약속을 끝까지 지키는 엄마는 많지 않다는 것이다.

물론 초등학교 3학년이라는 시기를 늦었다고 말하진 않는다. 일찍이 시작하라는 그 시기를 놓쳤다면, 그래서 3학년까지 와버렸다면 나름 3학년 아이의 수준에 맞게 시작하면 된다. 습득에 가까운 영어 학습은 아니지만 말 그대로의 '영어 공부'로 아이의 부족한 면을 채워주기 시작하면 된다. 그런데 눈치챘겠지만, 아이들에게 '공부하라!'라는 소리를 시작하게 되면 우리 엄마들은 아이들과의 전쟁이 시작된다. 물론 하라는 대로 다 하는 모범생을 둔 엄마들은 예외일 것이다. 말하자면 이런 모범생을 둔 엄마들은 아이들의 영어 학습 시기를 놓치지도 않았을 것이다 (왜? 키우기 쉬운 아이니까!). 아이 또한 영어 실력에서는 어쩌면 다른 또래들보다 월등한 실력을 이미 갖추고 있을지도 모른다.

나는 아이들의 언어 잠재능력(Potential Learning Ability)을 믿는다.

이 책의 첫 장을 펴고 내 아이의 영어 교육을 실천하고자 하는 학부모들은 부디 나와의 약속을 꼭 지켜주길 바란다. 초등학교를 준비하는 아이를 둔 학부모부터 중등과정을 준비하는 아이를 둔 학부모까지, 혹은 나는 영어 왕초보이지만 내 아이의 초등학교 영어만큼은 전문가의 의견을 따라 그 길을 잘 잡아주겠노라고 다짐한다면 지금부터 내가 제안하는 초등영어 학습 실천 법을 꼭 따라 해보길 바란다. 살짝 귀띔하는데 이런 학부모들은 아이와 함께 공부하면 엄마들의 실력 또한 쑥쑥 성장해 영어 왕초보라는 딱지를 속 시원히 떼어버릴 수도 있을 것이다. 자신감을 갖고 내 아이 영어 교육의 멘토가 되어보지 않겠는가?

1
초등학교 영어 교육,
어디까지 알고 있는가?

대한민국의 영어 교육은 이미 미취학 아이들에게까지 파고들었다. 1997년 대한민국 공교육에 초등영어가 시작되면서 서서히 유치원, 어린 이집에 방과 후 교육으로 영어 교육이 채택되었고 영어 유치원과 어학원 설립은 21세기를 맞이하며 빠르게 성장하고 있으며 비인가 외국인학교 까지 들어서고 있다. 지방에 사는 열성 엄마들은 아이들은 데리고 대한 민국 사교육 1번지라고 하는 대치동으로 단기 방학특강을 떠나는 가족이 내 가까운 이웃이었다는 것도 그리 낯설지 않다.

우리나라가 이렇게 영어에 목을 맬 정도인 것에는 매우 다양한 이유가 있다. 영어는 아이가 초등학교부터 수능까지 이 과목의 점수에 따라 내 아이의 미래가 달라짐은 더 말할 필요가 없을 정도이다. 100세 인생을 바라보는 현대인이 직업군을 정하는 데 있어서 영어 실력은 단연 제일 큰 역할을 차지한다.

초등학교 영어! 우리는 어디까지 알고 있을까? 초등학교 영어라 하면 왠지 초등학교를 입학하면 영어를 시작할 것만 같은데 사실 그렇지 않다. 공교육에서 실천하는 영어는 초등 3학년 때부터이다. 그런데 현재의 우리 아이들 실정은 어떨까? 물론 지역 차가 있겠지만 도시를 비롯해 대한민국의 중·소도시에서도 영어는 이미 어린이집, 유치원을 다니기 시작할 때부터 영어라는 것을 알고 이미 노출되기 시작한다. 설사 기관에서 영어를 시작하지 않았다 하더라도 세계 최대의 초고속 인터넷 시대에 사는 우리 아이들은 이미 휴대전화를 가까이하고 있으며 이를 활용해 영어라는 요소들(영어 노래, 영어 만화, 영어게임 등)을 한 번쯤은 접했을 것이고 이미 노출된 상태에 있을 수도 있다.

그런데, 모든 교육의 중심에 서 있는 공교육에서는 초등 3학년에 영어 교육을 시작한다. 만약 유치원, 어린이집 시절부터 영어를 접했던 아이들이라면 학교 교육만을 바라봐야 하는 상태의 아이들은 만 2년이라는 공백 기간이 생긴다. 잘 알다시피 아이들의 교육에 있어만 2년이라는 시간은 배움에 있어 마치 성인에게 적용되는 7~8년의 세월과 같을 수도 있다. 쉽게 말해 2~3세의 아이들에게 한두 달의 차이가 신체적 발달, 지적 발달에 있어 매우 큰 차이를 보이는 것과 같은 것이다. 즉, 이 공백기는 둔재도 영재로 만들 수 있고, 영재도 둔재로 변할 수 있는 매우 황금과도 같은 시간이라는 것이다. 즉, 제대로 된 공교육의 장을 열어주려면, 대한민국 영어 사교육의 열풍을 잠재우고 싶다면 공교육 영어 교육은 마땅히 1학년 때부터 시작되어야 한다.

공교육의 현실이 안타까운 건 이뿐만이 아니다. 3학년 때부터 시작되는 영어 교육의 실천은 또 어떠한가? 아래 도표를 한 번 참고해 보자.

3·4학년 군 영어 교과 내용 체계

영역	듣기	말하기	읽기	쓰기
학습 요소	알파벳, 낱말의 소리, 강세, 리듬, 억양, 낱말, 어구, 문장, 주변의 사람, 사물	알파벳, 낱말, 강세, 리듬, 억양, 어구, 문장, 자기소개, 지시, 설명, 인사, 일상생활 관련 주제	알파벳 대·소문자 낱말의 소리, 철자, 낱말, 어구, 문장	알파벳 대·소문자 구두로 익힌 낱말, 어구 실물, 그림
학습 내용	▶알파벳과 낱말의 소리를 다양한 듣기 자료를 통해 듣고 식별한다. ▶낱말, 어구, 문장을 듣고 강세, 리듬, 억양을 식별할 수 있다. ▶인사하기, 안부 묻고 답하기, 질문하고 답하기 등 일상적인 관용 표현을 상황과 함께 익힌다. ▶주변 사물과 사람에 관한 모양, 크기, 개수, 색깔 등 특정 정보를 파악한다. ▶대화가 일어난 장소, 시간, 방향, 종류, 관계 등 학습자에게 친숙하여 흥미와 관심을 가지는 대화의 세부 내용을 파악한다.	▶알파벳과 낱말의 소리를 듣고 따라 말한다. ▶영어의 강세, 리듬, 억양에 맞게 따라 말한다. ▶실물이나 그림을 보거나 동작으로 표현하면서 낱말, 어구, 문장을 말한다. ▶한두 문장으로 이름, 나이, 국가, 성별 등의 자기소개를 한다. ▶한두 문장으로 지시하거나 설명한다. ▶쉽고 간단한 인사말을 주고받는다. ▶일상생활의 친숙한 주제에 관해 쉽고 간단한 표현으로 묻거나 답한다.	▶알파벳 대·소문자를 식별한다. ▶소리와 철자의 관계를 이해하여 낱말을 읽는다. ▶쉽고 간단한 낱말이나 문장 어구를 원어민 음성으로 따라 읽는다. ▶그림이나 도표 등의 시각적 자료와 함께 음성 언어로 익힌 표현을 읽고, 의미를 이해한다.	▶알파벳 대·소문자를 구별하여 쓴다. ▶철자 크기, 획의 방향, 쓰는 순서, 4선 공책에서의 글자 위치 ▶알파벳 색칠, 베껴 쓰기, 몸으로 표현하기. 대문자와 소문자 짝짓기 등 ▶구두로 익힌 낱말이나 어구를 따라 쓰거나 보고 쓴다. ▶실물이나 그림을 보고 쉽고 간단한 낱말이나 어구를 스스로 쓴다.

5·6학년 군 영어 교과 내용 체계

영역	말하기	읽기	쓰기
학습 요소	알파벳, 낱말, 강세, 리듬, 억양, 자기 소개, 지시, 설명, 주변 사람, 사물, 주변 위치, 장소	알파벳 대·소문자, 낱말의 소리, 철자 강세, 리듬, 억양, 낱말, 어구, 문장, 그림, 도표, 일상생활 관련 주제, 줄거리, 목적	알파벳 대·소문자 구두로 익힌 낱말, 어구, 실물, 그림 문장 부호, 구두로 익힌 문장 초대, 감사, 축하 글
학습 내용	▶그림, 실물, 동작에 관해 한두 문장으로 표현할 수 있다. ▶주변 사람에 관해 쉽고 간단한 문장으로 소개할 수 있다. ▶주변 사람과 사물에 관해 쉽고 간단한 문장으로 묘사할 수 있다. ▶주변 위치나 장소에 관해 쉽고 간단한 문장으로 설명할 수 있다. ▶간단한 그림이나 도표의 세부 정보에 관해 묻거나 답할 수 있다. ▶자신의 경험이나 계획에 대해 간단히 묻거나 답할 수 있다. ▶일상생활 속의 친숙한 주제에 관해 간단히 묻거나 답할 수 있다.	▶쉽고 간단한 문장을 강세, 리듬, 억양에 맞게 소리 내어 읽을 수 있다. ▶그림이나 도표에 대해 쉽고 짧은 글을 읽고 세부 정보를 파악할 수 있다. ▶일상생활 속의 친숙한 주제에 관한 쉽고 짧은 글을 읽고 세부 정보를 파악할 수 있다. ▶쉽고 짧은 글을 읽고 줄거리나 목적 등 중심 내용을 파악할 수 있다.	▶소리와 철자의 관계를 바탕으로 쉽고 간단한 낱말이나 어구를 듣고 쓸 수 있다. ▶알파벳 대·소문자와 문장 부호를 문장에서 바르게 사용할 수 있다. ▶구두로 익힌 문장을 쓸 수 있다. ▶실물이나 그림을 보고 한두 문장으로 표현할 수 있다. ▶예시문을 참고하여 간단한 초대, 감사, 축하 등의 글을 쓸 수 있다.

3, 4학년 군 영어 교과 내용 체계에는 듣기와 말하기를 우선으로 한다. 즉, 영어 학습에 대한 흥미와 자신감을 기른다는 목표하에 3학년은 알파벳 식별, 4학년 때부터 알파벳 대문자 소문자 쓰기를 한다. 5, 6학년 군 영어 교과 내용은 또 어떠한가? 어찌 보면 본격적인 피닉스를 공부해 읽기를 도전하고 이를 활용한 간단한 문장을 쓰게 한다. 자, 어떤 생각이 드는가? 초등 고학년이 되어서야 각 알파벳의 음가를 알고 파닉스 원리를 알아 읽기를 시작해 간단한 문장을 읽고 쓰기에 도전한다.

하지만 사교육장에서의 현실은 어떠한가? 이미 배운다고 하는 아이들에게는 6세 정도부터 파닉스를 실천하고 이를 뒷받침하는 다양한 활동(스토리 북 리딩 / 코스 북 / 챕터 북 등)을 한다. 이렇게 체계적인 영어 학습을 실천한 아이들은 초등학교 입학 전 영어책을 읽기 시작한다. 물론 이런 아이들은 5~6세 때부터 이미 영어에 노출되고 꾸준히 실천하는 아이들의 경우이다.

공교육에서는 실로 욕심이 과한 부분도 있다. 알파벳 정도의 식별이 가능한 아이들에게 영어 듣기와 말하기에 도전, 이를 직접 실천하기를 바란다. 과연 이게 가능할까? 공교육에서 주어지는 영어 노출의 시간은 겨우 1주일에 3~4시간! 1년에 고작 72시간, 5, 6학년이 되어야 96시간이다. 듣기와 말하기를 가장 효과적으로 배울 수 있는 가장 중요한 시기인 초등학교 영어 노출 시간은 많아야 겨우 96시간이다. 시간은 그렇다 치고 어휘 수는 어떠한가? 초등학교 6학년까지 고작 500개(초등 3, 4학년 때 240개 / 5, 6학년 때 260개)의 어휘 수 학습을 권장한다. 하지만 현실에서는 중등과정을 준비하기 위해 거의 두 배에 가까운 만큼의 어휘력을 갖고 있다.

우리가 영어사용, 효과적인 영어 학습을 위해 반드시 알아야 할 것은 영어를 아무리 읽지 못한다고 하더라도 영어 말을 자연스럽게 익혀 말하려면 적어도 1천 시간 이상(언어전문가의 말에 따르면 원어민과 대화를 나눌 수 있는 정도의 실력이 되려면 최소 1,200시간이 필요하다고 한다.)이 필요하다고 한다. 읽거나 쓰기를 제외한 오직 말하기를 위해 필요한 시간을 말한다. 그렇다면 공교육 현장에서 이런 시간적 양을 줄 수 있을까? 절대로, 절대로 이만큼의 시간을 노출시켜 줄 수가 없다. 그리고 우리는 이런 현실을 너무도 안타깝게 생각할 뿐이다. 이 모든 걸 비추어 볼 때, 공교육의 영어 교과 플랜은 그저 플랜일 뿐이다. 이 과정만 따라 해서는 절대 쓰기도, 읽기도, 듣기도, 말하기도 할 수가 없는 게 대한민국 공교육의 현실이다.

내가 너무도 공교육을 비판하며 열을 올리고 있다고 할 수도 있다. 하지만 아무리 좋은 이야기로 포장한다 해도 이해할 수 없는 게 우리가 직면하고 있는 현실이다. 소위 나라님들이 우리 아이들의 미래를 진심으로 걱정하고 현실을 직시하며 지속적인 노력을 했다면 20년이 넘어가고 있는 영어 공교육을 좀 더 현실에 맞게 바로잡았어야 했다. 말로만 사교육비를 절감하겠다, 지역 간 영어 교육의 격차를 해소하겠다고 떠들지 말고 자그마한 것 하나라도 실천했어야 했다.

말뿐인 이런 공약들은 고스란히 아이를 키우고 있는 우리 부모들에게 남겨졌다. 아이를 학교에 보내고 있는 현실 속의 우리 부모들, 수능을 준비해야 하는 우리 아이들은 결국 학원으로 보내지고 있거나 이런 형편도 되지 않는 수많은 가정은 가슴 아프지만 내 아이를 영포자(영어 포기자)의 길로 내놓기도 했다. 현재 우리나라의 영어 사교육 시장에 쓰고 있는 비용은 얼마나 될까? 과거 2006년 삼성경제연구소에 따르면 1년의 영어 사교육 시장규모가 영어 학원, 어학연수, 유학을 포함해 15조 원이라는 결과를 내놓았다. 2020년을 바라보는 이 시점에 이 시장에 우리 학부모들은 얼마나 더 많은 돈을 쓰고 있을까?

우리는 알아야 한다. 전혀 현실에 맞지 않는 영어 공교육만을 믿고 있으면 우리 아이들은 어느 순간 산사태를 만나게 된다는 것을. 그래서 내 아이가 미래를 향해 첫발을 내딛는 준비를 우리 부모가 당연히 함께 참여해야 한다. 그러기 위해서는 내 아이의 학년에 따른 교과과정 또한 알아야 한다. 이미 그 미흡함을 알았기에 이제부터 우리 엄마들은 아이들을 이미 키워낸 학부모들의 본보기와 전문가의 조언을 참고삼아 시작점을 꼼꼼히 준비하고 그 끝맺음도 설사 한 번쯤 넘어졌다 해도 다시 일어나 끝까지 달릴 수 있는 만반의 준비를 해주길 바란다.

2

조기 영어 교육,
꼭 실천해야 하는 걸까?

우리 아이 Out Put 언제 나오길 원하는가?
영어를 줄줄 하게 만들려면 3천 시간의 환경을 만들어 주어야 한다.

그렇다. 다행히도 아직 내 아이가 취학 전이라면 내일부터 당장 하라 조언하고 싶다. 이렇게 조기 영어 교육을 실천하라고 하는 이유는 언어의 '결정적 시기'를 놓치지 말고 '습득'이 가능할 때 배워야 하기 때문이다.

습득은 아무 때나 되는 게 아니다. '결정적 시기 가설'을 논한 독일 출신의 저명한 언어학자인 에릭 레너버그(Eric Lenneberg, 1921~1975)는 "언어가 완전하게 발달하기 위해서는 사춘기가 사라지기 전에 언어를 습득해야 한다."라고 주장하고 있다. 즉, 언어를 습득하는 데 결정적인 시기가 정해져 있으니 그 시기를 놓치게 되면 힘들여 공부해야 하는 '학습'이 되어야 한다는 것이다. 언어를 습득한다는 것은 사물의 이름을 익히는 단순한 과정이 아니다. 단어와 문자와의 관계를 정립해 언어를 체계화시키는 과정을 거쳐 자신의 언어로 만드는 것을 말한다. 따라서 영어는 조기 교육이 꼭 필요하고 이를 아는 한 어릴 때부터 꼭 시작해야 함을 강조하고 싶다.

이를 뒷받침하는 한 예로, 뇌과학에서 말하는 '뇌 가소성(Brain Plasticity Theory: 뇌는 계속 변한다.)'이론이 있다. 가장 이해하기 쉽게 설명하자면 우리가 흔히 알고 있는 우뇌, 좌뇌의 구분은 태어나면서부터 구분되는 게 아니라는 것이다. 인간의 뇌는 성장하면서 영역별로 전문화를 이룬다고 한다. 그리고 대략 18개월 이후 시작되어 사춘기를 지나면서 그 틀을 완성한다. 완전히 뇌가 좌뇌와 우뇌의 역할을 구분 짓게 되기 전이 보통 6세 이전이라고 하는데 6세가 되기 전의 뇌가 가장 유연해 이때를 '외국어 습득'의 최적기라고 한다. 6세 이후부터는 이러한 유연성이 급격히 떨어지기 시작해 사춘기 이후에는 뇌의 좌우 기능이 완전히 전문화되어 따로 작동하기 시작한다. 따라서 사춘기 이후부터는 완전한 학습으로 영어를 익혀야 하는 고난의 길을 걸을 수밖에 없다.

언어를 배우는 결정적 시기에 대해 잠깐 알아보자. 촘스키는 인간은 태어날 때부터 언어습득장치(LAD: Language Acquisition Device)를 갖고 태어난다고 주장한다. 그는 만 5, 6세 때 언어습득장치(LAD)가 가장 왕성하며 사춘기 이후 쇠퇴하기 시작한다고 말한다. 실제로 현장에서 아이들을 직접 가르치다 보면 만 7세 이전의 아이들이 영어를 습득하는 데 있어 가장 활발한 것을 볼 수 있다. 물론 아이들의 성향에 따라 초등학교 입학 후에도 고학년이 되기 전의 아이들에게도 습득이라는 표현을 할 수 있을 만큼 유연한 아이들도 있다. 하지만 학교를 입학하고 학년이 올라가면서 오로지 영어 학습에만 시간을 투자할 수 없기에 뇌의 쓰임과 활동이 분산되면서 언어습득장치(LAD)의 기능이 급격히 떨어져 습득의 면으로 봤을 때, 이것들과는 점점 거리가 멀어진 것을 볼 수 있다.

영어 유치부와 초등부를 함께 운영하면서 이를 뒷받침하는 사례는 거의 매일 보고 있다. 그러다 보니 습득과 거리가 점점 더 멀어지는 초등 고학년부의 커리큘럼은 당연히 달라질 수밖에 없다. 초등 저학년은 그래도 영어의 재미를 맘껏 누릴 수 있는 시간이 아직 남아있다 하더라도 초등 고학년으로 올라가서부터는 본격적인 공부의 냄새가 점점 더 짙어진다. 따라서 영어 교육은 되도록 어리면 어릴수록 빨리 시작해 주길 권장한다. 하지만 내 아이가 이미 유아기를 벗어나 이미 초등학교의 교육을 시작했다면 학년별 수준에 맞는 방법으로 다가가야 할 것이다. 이는 2장의 설명을 통해 더 자세히 알아보도록 하자.

3

영어는 꼭 말하기부터
해야 하는가?

영어는 위에서도 언급했듯, 영어습득의 시기에 있는 아이들은 당연히 영어 말하기부터 실천할 수밖에 없을 것이다. 말하기(Speaking)는 반드시 듣기(Listening)가 수반되어야 한다. 내 아이가 아직 미취학 아이라면, 언어습득장치(LAD)의 활용이 아직 충분히 남아있는 아이라면 외국어를 마치 모국어 배우듯 생활 속에서 지속해서 들으면 충분히 습득될 수 있다. 그러니 이런 아이들은 들은 것(Input)을 모방하며 반복 사용(Practice)하여 외국어가 낯설지 않아 아무런 뜻도 모르지만 모방(Copy)하며 모방한 것을 입 밖으로 표현(Output)할 수밖에 없다.

하지만 모국어가 이미 완벽히 자리 잡아 외국어라는 것에 꼭 번역(Translation)이 따라와야 하는 나이라면 학습 목표가 정확해야 한다. 학습 목표가 외국인과의 대화를 목표로 한다면 충분한 말하기 연습이 필요하다. 하지만 중요한 게 있다. 말하기를 목표로 한다지만 그 전에 반드시 먼저 이루어져야 하는 학습이 있다. 바로 듣기(Listening)이다. 물론 목적에 따라 중요하게 생각하는 영역(Listening, Speaking, Reading, Writing)은 달라질 수 있지만 타고난 언어습득장치(LAD)의 쓰임을 잘 활용하고 있는 단계(유아~초등 저학년)라면 듣기에 거의 60%가량의 시간을 할애해 집중하는 것이 좋다. 그렇지 않은 고학년의 경우도 말하기를 잘하고 싶다면 그 전에 반드시 실천되어야 하는 게 듣기(Listening) 연습이다.

그렇다면 듣기 연습은 어떻게 하면 될까? 이를 설명하기에 앞서 듣기라는 것이 어떻게 시작되는 알아볼 필요가 있다. 모국어 환경에서 만 2세경의 아이들은 단어 내에서 소리를 구별하기 시작한다. 예를 들어, '맘마'와 '까까'라는 단어에서 소리에 차이가 있다는 것을 인지하기 시작한다. 이는 소리를 구분하는 최소의 단위(Phoneme: 음소)를 구별할 수 있다는 것이다. 이는 모국어에서의 소리 구분이고 그 뜻도 이미 알고 있다. 왜냐하면, 그만큼 생활 속에서 많이 쓰고 있기 때문이다. 이렇게 소리의 다름을 구별하고 인지하는 것이(예를 들어, Apple과 Banana의 소리를 구별할 줄 아는 것) 제2외국어를 배우는 환경에 있다면 이를 듣기(Listening)의 시작이라고 할 수 있다.

이처럼 단어의 의미를 이해하기 전에 들리는 소리에서 같은 소리와 다른 소리를 구분할 수 있는 능력이 듣기(Listening)의 시작이고 영어습득의 초석이다. 소리를 구별하게 되면 소리는 당연히 단어(Vocabulary)로 연결되고 이것이 모여 의미 있는 '구(Phrase)' 혹은 '문장(Sentence)'이 된다. 아이들은 이러한 '패턴(Pattern)'을 스스로 깨닫고 말하기 시작하는데 이는 아이들이 들었던 것을 활용하여 말을 한다는 의미이다. 그러므로 '듣기 (Listening)'는 '어휘(Vocabulary)'와 '말하기(Speaking)'를 위한 준비과정인 것이다.

결론적으로 영어 학습은 말하기부터 시작할 수가 없다. 말하기를 위해 반드시 듣기(Listening)가 수반되어야 하기 때문이다. 영어 학습의 4대 영역(Speaking, Listening, Reading, Writing) 중 영어 말하기는 사실 혼자서 극복하기 제일 어려운 것 중의 하나이다. 물론 다른 것들(Reading & Writing)도 쉬운 게 없지만, 특히 말하기를 적극적으로 연습하고 싶다면 다음의 방법을 활용해 보자.

초등학생에게 말하기를 연습하게 하기 위해서는 우선 기본적인 읽기가 가능해야 한다. 읽기가 가능하다는 것은 듣기도 아주 기본적인 것은 이미 되고 있다는 것이다. 어휘를 읽을 수 있고 그 어휘에 대한 소리를 들을 수 있다면 말하기를 위한 기초를 다지고 말하는 것에 대한 흥미가 훨씬 더 상승한다. 하지만 우리나라는 영어를 단지 외국어로 말하는 환경인 EFL(English as a Foreign Language) 환경이기 때문에 말하기를 충분히 경험할 수가 없다. 따라서 우리 아이들은 영어를 배우기 시작했으면서도 배운 내용을 말해 볼 기회가 거의 없는 것이다. 게다가 외국인과의 대화는 더욱 그러하다. 이런 경우 외국인과 1:1 대화하는 전화 영어나 화상 영어의 기회를 얻게 해주면 영어를 배우는 것에 대한 흥미도가 더욱 높아지고 영어 말하기를 더욱 적극적으로 연습할 수 있다. 처음에는 쑥스럽고, 당황스러워 단 한마디도 못 할 수 있지만, 횟수를 거듭하면서 아이들이 점점 더 흥미를 갖게 되면 점차 학습하는 태도가 달라지는 것을 볼 수 있을 것이다. 성인들도 이런 방법을 제시해 주고 주 3회 매일 10분씩 꾸준히 실천하는 경우 영어에 대한 자신감도 높아지고 입이 트이는 걸 볼 수 있다.

발음이 부족해도 내 아이가 원어민 같은 발음이 아닐지라도 걱정하지 말라.

케임브리지 백과사전을 비롯해 120권 이상 책을 편집해 낸 영국 출신의 데이비드 크리스털(David Crystal) 교수는 왜 꼭 원어민처럼 발음해야 하냐고 되묻는다.

싱가포르, 태국, 베트남 등등 이들의 영어 발음은 완전 다르다. 'Come here' 발음을 '깜 히어'라고 발음하지만, 이들의 의사소통은 아무 문제가 되지 않는다. 결국은 말하기에는 자신감이다.

부모는 때론 발음이 그게 뭐냐며 아이를 꾸짖는다. 절대 발음! 지적하지 말아야 한다.

화상 영어 혹은 전화 영어의 효과를 단단히 보고 싶다면 반드시 하고자 하는 목표어 / 목표 학습을 준비하고 하겠다는 의지를 강하게 보여야 한다. 그렇다면 그 효과는 극대화될 수 있다. 첫술에 배부를 수는 없는 법! 처음부터 말을 잘하는 아이는 거의 없다. 하지만 아이가 말을 잘하지 못해도 최소한 적극적으로 말을 잘하고 싶은 어느 정도의 욕심이 있다면 시간이 지날수록 말을 자꾸 이어나가려 하므로 말하기 연습을 더욱 적극적으로 하고 결국 좋은 효과를 맞이할 것이다.

4

영어 학원,
꼭 보내야 하는가?

영어 학습은 부모가 봐줄 수 있는 시간과 실력에 있어 매우 제한적이다. 만약 내가 정말 아이를 봐 줄 만큼의 실력이 되지 못한다면 학원의 길을 선택할 수밖에 없다. 우리 학부모들이 걱정하고 있는 것은 금전적인 면도 있지만, 학원을 보냈을 때의 효과, 아이가 얻어오는 긍정적인 측면을 고민하지 않을 수 없다. 나 또한 어학원을 운영하며 늘 학부모와 소통하며 아이들을 관리하고 있고 아들 셋을 키우고 있는 엄마인지라 그 누구보다도 아이들 교육에 관한 고민에 공감하고 있다.

학부모 입장으로 돌아가면 사실 영어 학원에 보낼 것을 제안한다. 나 또한 그렇게 하고 있으니까. 영어 학원을 권장하는 이유는 어학원들은 나름 잘 짜인 커리큘럼이 있고 최고의 선생님을 모시고 있다고 자부한다. 나의 제안은 어지간하면 아이를 잘 뒷받침해줄 수 있는 곳으로 맡기되 신중히 알아보고 선택하도록 하는 것이다.

학습형 영어 유치부, 놀이형 영어 유치부를 다니던 아이들은 보통 영어 유치부에서 바로 연계가 가능한 초등 프로그램으로 영어를 연계시킨다. 반면 일반유치원 혹은 어린이집, 학습지, 엄마표 영어를 실천한 아이들은 어학원의 선택에 있어 좀 더 신중해야 한다. 꼭 어학원이 아니어도 괜찮다. 어학원 이외에도 우리 아이들이 영어 공부를 할 수 있는 곳이 있다. 예를 들어, 방과 후 영어교실도 있고 영어도서관도 있고 온라인을 통해 학습할 수 있는 프로그램도 있다. 이런 경우엔 엄마들의 관리가 좀 더 철저해야 함은 미리 인지해둬야 할 것이다.

어학원에 보내면 영어 노출의 시간이 아무래도 영어 유치부를 다녔던 아이들보다는 훨씬 적었을 테니 영어 학습의 가장 기초(파닉스)부터 시작할 수도 있고 이제 겨우 더듬더듬 읽기를 시작하는 아이일 수도 있으니 아이의 상황을 파악한 후 주 3회 하는 곳을 보낼지, 혹은 주 5회를 하는 곳을 보낼지 등의 계획을 세우도록 한다.

보통 7세까지 영어 유치부를 보냈던 아이라면 영어 유치부 출신으로 구성된 초등 저학년 반으로 연계해서 보내는 것이 좋다. 왜냐하면, 내 아이의 실력 정도를 이미 알고 있어 새로운 곳에서 겪을 수 있는 시행착오를 줄일 수 있다. 굳이 필요 없는 모험을 할 필요가 없어 그 어느 곳보다도 안전하다고 할 수 있다.

그러나 지금까지 영어를 전문적으로 배우지 않은 일반유치원, 혹은 엄마표 영어를 실천했던 아이들에게는 더욱 꼼꼼하게 어학원을 선별해 보낼 필요가 있다. 만일 영어 유치부와 연계된 초등부를 고려한다면 영어 유치부가 잘 운영되고 있는 곳인지, 그 지역에서 얼마만큼 오랫동안 어학원을 운영하고 있는지(매번 원장이 바뀌는 곳의 어학원은 그만큼 운영에 있어, 혹은 아이들이 좋은 결과를 내고 있지 못하다는 증거이므로) 왜 원장이 자주 바뀌는지를 고려해 10년 이상 한곳에서의 경험과 노하우를 가지고 있는 어학원으로 선택한다. 보통 이런 곳의 어학원은 영어 유치부가 탄탄하고 알차게 운영되고 있어 저학년이라 하더라도 높은 레벨의 아이들이 많다. 이런 곳에 우리 아이들이 가면 또래 아이들을 보며 동기부여가 될 수 있으므로 좀 더 좋은 효과를 볼 수 있다.

어학원을 선택할 때, 특히 더욱 신경 써야 하는 학년은 초등 1, 2학년의 아이들이다. 최우선으로 살펴야 하는 것은 선경험자들의 경험담이라 하겠다. 아이를 이미 보내 본 경험담만큼 도움이 되는 것은 없다. 하지만 주의할 것도 있다. 내 아이의 성향이다. 너무 좋았다는 경험담에 내 아이도 그 집 아이와 성향이 비슷하다면 기꺼이 보내는 것에 주저할 필요는 없을 것이다. 하지만 내 아이의 성격이 그 아이와 완전히 다르거나 동기부여, 영어상태, 성별, 학년 등 상황이 다르다면 결과도 다를 수 있음을 알아야 한다.

자, 이렇게 내 아이의 성향을 파악하고 여러 가지 고민하며 마땅한 곳의 어학원을 선택했다면 이왕이면 아이 아빠도 함께 어학원을 방문해 보도록 한다. 우선 제일 중요한 것은 내 아이의 의견이다. 아이가 공부하게 될 곳이기에 아이와 함께 기관을 살펴보고 상담을 받은 후에는 반드시 아이의 의견을 존중해 아이가 결정하도록 해야 한다.

지금까지 기관을 보낼 학부모들에게 기관선택 시 최우선으로 생각해야 할 것들에 관해 설명했다. 하지만 기관이 아닌 엄마표 영어를 하겠다고 다짐한 경우에는 어떻게 해야 할까? 학원 이상으로 내 아이를 관리할 수 있다면 이것만큼 최고의 교육법은 없을 것이다. 말 그대로 내 아이만을 위한 1:1 교육이 될 테니까 말이다. 잘 따라가든 못 따라가든 정해진 커리큘럼에 되도록 맞춰야 하는 걱정스러움도 없을 것이고 내 아이의 성향에 100% 맞출 수 있는 교육법으로 아이를 관리할 수 있으니 말이다. 기관을 보내던, 나만의 방법으로 영어 교육을 하던, 그건 어디까지나 부모의 선택이다. 초등학교를 마치고 중등과정을 준비하는 과정까지 엄마가 모든 걸 관리할 수 있다면 이보다 최상의 교육법은 없을 것이다.

어쨌든, 초등학생을 위한 영어 학습은 어떻게 해야 하는지에 대해 다양한 방법들을 2장에 열거해 놓았으니 이를 참고하도록 하자.

5

영어 학습의
완전한 방법은 없는가?

우리는 늘 꿈을 꾼다. 영어를 잘 말하는 꿈, 영어를 잘 읽는 꿈, 독해를 완벽히 잘하는 꿈, 영어 회화를 유창하게 하는 꿈. 이 모든 꿈을 이룬다면 영어 학습의 완결판, 내 방법이 완전했다고 외칠 것이다. 그러나 대한민국 환경에서 미국에 단 한 번도 나가보지 않은 상황에서 이 모든 꿈을 이룬 사람이 과연 있을까? 단지 우리는 단 하나의 꿈이라도 이루고 싶은, 늘 영어 학습에 목말라 있는 상태에서 그 방법론들을 찾고 있다. 만약 있다면 두 팔 걷어붙이고 지금 당장 시작할 것이다. 하지만 안타깝게도 10년이 넘도록 기관을 운영하며 수많은 아이를 키워냈지만, 이 모든 꿈을 이루었다는 아이는 찾기 힘들다. 영어 영재라 하는 아이도 이 여러 가지 꿈 중, 이루지 못한 꿈도 분명 있다. 거꾸로 얘기하면 이 모든 것을 완벽히 이루는 영어 학습은 없다. 왜? 우리 아이들은 영어 학습 하나만으로 세상을 살아갈 수 없기 때문이다.

아무리 최고의 기관에 내 아이를 보낸다고 하더라도, 혹은 대한민국 최고의 선생님을 만나 가르침을 받는다고 하더라도 영어는 학문이 아니고 언어이기에 완벽함을 이룬다는 것 자체가 우스운 이야기일 수 있다. 즉, 영어 학습에 완벽한 방법은 없다. 다만, 최상의 방법으로 열심히 꾸준히 할 뿐이다. 누구나 아는 이야기지만 아이를 영어의 바다에 빠지게 하는 것, 혹은 미국 현지에 보내 아예 학교를 그곳에서 다니게 한다면 2~3년이 지나 아이들이 외국 생활에 적응하면서 언어도 트이는 것을 볼 수 있다. 하지만 언어가 트인다고 영어의 4대 영역을 다 잘한다고 말할 수는 없다.

한 예로, 미국 아이들도 12학년까지 어휘를 공부한다. 왜 그럴까? 현지의 미국인들도 책을 읽을 때 낯선 단어, 모르는 언어가 있다는 것이다. 실제로 유치원부터 아예 외국인학교에 다니는 한국 아이들을 보면 영어가 그들의 제2외국어이니까 의사소통에 있어 문제는 없어 보이지만 그들도 교과과정에 국어 시간이 있고 그 시간에 '문학(Literature)'을 공부하고 '영어(English)'를 공부한다. 영어의 바다에 빠져있다는 이들도 이렇게 끊임없이 공부하지만, 이들에게도 영어 학습의 완전한 방법은 없을 것이다. 다만 주어진 환경에서 최선을 다해 자신의 역량을 갖추고자 노력할 뿐이다.

이들도 이러한데 대한민국의 현장에서 우리 아이들이 완전한 영어 학습의 방법을 어찌 찾을 수 있을까? 간혹 내 아이에게 온전한 영어 학습을 이루게 하려고, 다른 아이들이 힘들게 겪는 영어 학습의 길을 걷지 않도록 해주고 싶어 미국으로 보내거나, 외국인학교를 보내면 다 될 것 같다는 착각을 하는 부모들도 참으로 많이 만난다. 공부하면서 에세이를 쓰고, 영작하고, 토론하는 정도일 것이다. 하지만 이런 선택과 실천을 누구나 쉽게 하지는 못한다. 부모로서 제일 먼저 떠오르는 생각이 바로 금전적 문제라는 게 앞을 가로막게 된다. 경제적으로 매우 풍부해 이렇게 할 수 있다면 얼마나 좋겠는가? 나 또한 경제적으로 풍부해 이것저것 다 해줄 수 있는 능력 있는 부모라면 얼마나 좋겠냐는 생각을 왜 안 해봤겠는가?

나는 초등 고학년생들에게 꼭 명작을 읽으라고 권한다. 읽기에는 크게 나누어 표면상의 줄거리(Surface Meaning)가 있고 작가가 그 내용을 통해 정말 말하고 싶은 깊은 뜻(Deep Meaning)이 있다.

독해력(Reading Comprehension)

문제 해결(Problem Solving)

읽기 암시 제시(Reading Inference)

문화적 배경(Cultural Background)

분석 능력 발달(Critical Thinking)

글의 아름다움

미국의 교육 실상을 들여다보면 유치원, 초등학교 때는 읽기를 가르치기에 치중하니 쓰기 교육이 제대로 이뤄지고 있지 않다. 읽기 자체의 발음법(Phonics)과 읽기 방법(Reading Skill) 위주이고 읽기의 이해(Reading

Comprehension)까지는 학생들이 쓰기를 너무 싫어해 어려움이 크다. 따라서 어떤 학습이든지 간에 학습에 반듯이 놀이가 필요하다.

나는 현장에서의 오랜 교육 경험으로 최대한 그 꿈에 다가갈 수 있도록, 지금까지 실천했던 최고의 방법들을 설명하고자 한다. 각 학년에 맞는 영어의 4대 영역의 계발을 위해 현장에서 어떤 교재를 쓰며 어떻게 잘 활용해야 하는지를 말이다.

내 아이의 영어 교육,
로드맵 만들기

1. **초등 1, 2학년 학습법, 아직은 영어가 재미있어야 한다**
   (듣기 / 말하기 / 파닉스 / 독해 / 영단어 쓰기)

2. **초등 3, 4학년 학습법, 체계적인 영어 학습이 되어야 한다**
   (영단어 / 듣기 / 말하기 / 독해 / 쓰기 / 문법)

3. **초등 5, 6학년 학습법, 지적 자극(배경 지식을 넓히는)**
   영어 학습이 되어야 한다
   (영단어 / 듣기 / 말하기 / 독해 / 쓰기 / 문법)

1

초등 1, 2학년 학습법,
아직은 영어가 재미있어야 한다

초등 1, 2학년은 아직 조금 여유가 있다. 7세까지 영어 유치부를 다닌 아이들이면 이미 영어 말하기, 혹은 영어 듣기가 익숙해져 있다. 따라서 초등학교 입학 후에도 영어 학습의 패턴이 조금 바뀐다고 하더라도 자연스레 연결되는 영어 학습에 그다지 낯설어하지 않는다. 영어 유치부 출신이던, 아니면 이제부터 영어를 학습하기 시작했던 이 시기의 아이들에게는 영어가 우선 재미있어야 한다.

아이들은 자신의 나이에 맞는 머리를 갖고 있다. 아무리 영특해도 자신의 나이를 뛰어넘기 힘들다. 1, 2학년이 초등 고학년처럼 학습할 수도 없고 그렇게 해서도 안 된다. 초등 1, 2학년에게 아직은 영어가 재미있어야 한다. 학원의 프로그램이 재미있어서 자꾸 영어책을 들춰보고 싶고 학원 가방을 들고 학원으로 뛰어갈 만큼, 빨리 가겠다며 재미있어야 한다. 잘 알고 있는 이야기지만 어떤 것이든 재미있는 거라면 아이들은 엄마가 하라고 말하기도 전에 스스로 먼저 알아서 한다. 재미라는 요소는 영어 학습에 있어 초등 1, 2학년의 아이들에게 빠져서는 안 될 요소이다. 내가 운영하는 어학원의 1, 2학년은 아직도 영어 뮤지컬을 하고 노부영을 한다. 유치부를 갓 벗어난 아이들이 이에 춤추고 연기하는 걸 많이 좋아해서 프로그램을 넣었다.

영어 학습의 4대 영역 중 초등 1, 2학년이기 때문에 더 수월히 할 수 있는 것과 아직은 조금 어려운 부분도 있다. 그리고 초등 고학년이 되기 전에 더 열심히 해야 할 것들도 있다. 그렇다면 초등 1, 2학년을 위한 영어 학습은 어떻게 진행되어야 하는지 살펴보도록 하자.

영어습득 기회의 끝자락,
즐거운 듣기에 좀 더 많은 시간을 투자하라

앞서 언어습득(Language Acquisition)에 관해 이야기했었다. 언어를 배울 때에는 '결정적 시기'를 놓쳐서는 안 되며 언어를 습득할 수 있는 나이는 어리면 어릴수록 좋다고 말이다. 초등영어 학습에 관해서 논하고 있는 지금, 초등 1학년부터 6학년까지의 기간 동안 1, 2학년은 영어를 공부가 아닌 습득으로 익힐 수 있는 최고의 학년, 미취학 아동까지를 포함한다면 영어습득 기회의 끝자락이라 할 수 있다.

영어습득의 최고의 방법은 아이가 세상에 태어나 모국어를 습득할 때 어떻게 했던가를 기억해내면 쉬울 것이다. 장애를 갖고 태어나지 않는 한, 언어습득은 듣기부터 시작된다. 아이의 언어습득을 위해 우리 엄마들은 아기를 안고 끊임없이 말을 걸어준다. 그리고 아기의 옹알이에 응답하며 내 아기가 엄마의 말을 하나씩 따라 말하기를 기대한다. 그리고 우리 아기들은 자신의 모국어를 말하기 위해 엄마, 아빠의 말을 카피하며 말하기를 배운다.

이렇게 모국어를 배우듯, 그래도 이런 과정을 기대할 수 있는 나이가 바로 초등 1, 2학년인 것이다. 따라서 이들에게 영어 학습의 최우선을 듣기 연습에 두고 다른 영역보다 좀 더 많은 시간을 투자하길 바란다.

자, 그렇다면 잠깐 짚고 넘어가야 할 부분이 있다. 영어 학원을 선택한 아이들은 어떻게 해야 할까? 기관을 선택한 아이들이 듣기에 좀 더 집중할 수 있게 하려면 주 3일을 선택하는 것보다 주 5일을 선택하는 게 더 효과적이다. 영어를 매일 들을 수 있고, 들은 것에 대한 피드백을 매일 받을 수 있으니 더 효과적일 수밖에 없다. 5일을 선택하는 것이 낫다는 것은 지금껏 기관에서 교육을 받고 나간 아이들이 이후에 갖게 되는 영어적 역량이 3일보다는 훨씬 나았고, 그만큼 고학년이 되어서는 영어를 배우는 시간이 줄어들 수밖에 없으니 결국엔 저학년 때 더 많은 시간을 투자하는 게 길게 봤을 때 더 효과적이라는 것이다. 이렇게 주 5회의 영어 학습을 받은 아이는 영어가 단단해질 수밖에 없다. 1, 2학년 때 더 많은 시간을 투자해 영어가 단단해지면 3학년이 되어 주 3회의 패턴으로 바꿔주도록 한다.

하지만 이제 막 시작하는 아이들에게 덜컥 교재를 앞에 놓고 영어 듣기를 하자면 '이게 뭔 일이지?'라는 생각을 할 수 있다. 물론 아직은 엄마 말을 잘 듣는 나이기에 엄마의 요구와 지시에 따를 수 있지만, 자신에게 맞지도 않는 것을 무조건 시킨다면 강요로 실천이 잘 안 될 수 있다. 왜냐하면, 아무것도 잘 모르는 상황에서는 영어가 들리지도 않을뿐더러 시작도 못 한 채 영어에 관한 관심과 흥미도가 떨어질 수 있다.

이제는 대한민국에서 초등 1, 2학년이 듣기에 좀 더 많은 시간을 투자하며 재미있게 학습할 수 있는 노래로 듣는 듣기교재를 한번 살펴보자.

• 듣기교재 1) Nursery Rime(전래동요집)

Nursery Rhyme은 우리가 한 번쯤은 흔히 들었던 노래들이 수록된 것들을 말한다. 아기가 태어나면 엄마들이 자장가나 동요가 수록된 CD를 사서 아기들에게 들려주었던 것을 기억할 것이다. 영어로 된 전래동요나 자장가 등을 묶어 Nursery Rhyme이라고 말한다. 시중 서점에 가면 영어 전래동요집을 쉽게 구할 수 있다. 표지에는 Nursery Rhyme이라는 제목이 붙어 있다.

이런 Nursery Rhymes 집에 들어있는 대표적인 노래들을 한번 살펴보자.

　위의 노래 중, 〈Twinkle, twinkle, Little Star〉는 〈반짝반짝 작은
별〉로 번안되어 가장 흔하게 부르는 노래이다. 아마도 아이가 엄마 배
속에 있을 때부터 한 번쯤은 들어봤던 노래가 아닌가 싶다. 〈5마리 아기
원숭이(Five little monkeys)〉 〈I'm a little teapot〉 등은 어린이집, 혹은 유
치원에서 한국 동요와 함께 익숙하게 듣는 노래들일 것이다. 그 외에도
'거미' 노래로 유명한 〈Inch Winch Spider〉의 노래도 있다.

이와 같은 노래들을 일컬어 Rhyming Song이라고 말하기도 한다. 그 이유는 보통의 노래가 운율을 갖추고 있듯 이런 어린이 노래에도 영어 소리의 다름을 인지할 수 있도록, 그리고 영어 소리를 맘껏 즐기며 입에 착착 감기듯 저절로 영어 노래를 따라 말하게 하는 신비로움이 있다. 그래서 영어를 처음 시작하는 아이들에게 영어가 친숙한 친구처럼 느껴지도록 밑 작업하기 시작할 때 꼭 영어 노래 듣기를 권장한다.

영어 노래는 가사에 곡(Tune)이 붙은 것을 말한다. 대한민국 서점에서 쉽게 구할 수 있는 것들도 많다. 파닉스를 배우기 위한 노래, 영어 노래로 구성된 영어 회화까지 매우 다양한 것들이 쏟아져 나오고 있어 영어 교재이지만 굳이 수입한 영어노래집을 사지 않아도 된다. 그리고 가사는 있지만, 규칙적인 박자에 맞춰 마치 요즘 아이들이 '랩'을 하듯 말하기를 연습하는 'Chant(챈트)'도 있다. 보통 어린이 영어교재에는 그 교재에서 가르치고자 하는 Target Words나 Target Sentence를 영어 노래와 챈트로 만들어 수록해 놓은 교재가 많으니 이런 것들을 적극적으로 활용해주길 바란다.

어린이를 위한 영어 노래 듣기는 사실 꼭 CD를 구입해 들을 필요가 없기도 하다. 과거 10년 전만 하더라도 이런 영어동요집이 수록된 CD를 많이 구입했지만, 요즘은 이미지와 노래를 함께 즐길 수 있는 스마트폰을 적극적으로 활용하는 엄마도 많이 볼 수 있다. 하지만 되도록 책과 함께 노래를 들을 수 있는 것들을 활용해주어 아이가 책의 그림도 즐기고 노래도 듣고, 책이라는 입체감을 느낄 수 있도록 하자.

• **듣기교재 2) 영어 동요**(English Song)**와 챈트**(Chant)

　다음은 아이들이 듣고 즐길 수 있는 영어 동요 베스트 50곡(+보너스 10=60곡)이다. 스마트폰을 활용하거나, 무료로 음원을 내려받을 수 있다면 유용하게 활용해 보도록 하자. 간단히 제목을 검색해 들을 수 있는 노래 제목들이다.

1. Twinkle, twinkle, little star(반짝반짝 작은 별)

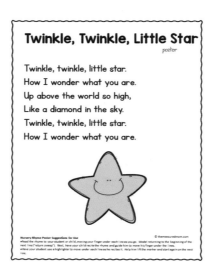

2. My goose and Thy Goose(내 거위와 네 거위)

3. Daisy(데이지)

4. Day and Night(낮과 밤)

5. Humpty Dumpty(험티덤티 땅딸보)

6. Oh, Dear! What can the matter be(어머나, 무슨 일이지)?

7. Do re mi Song(도레미 송)

8. I'm a Little Teapot(나는 작은 주전자)

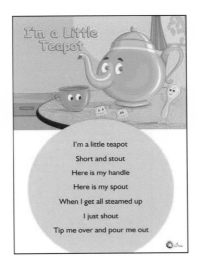

9. Good night, Ladies(잘 자요, 아가씨들)

10. Ding Dong Bell(딩동 벨)

11. Diddle, Diddle, Dumpling(디들 디들 덤플링)

12. The Incy Wincy Spider(작고 귀여운 거미)

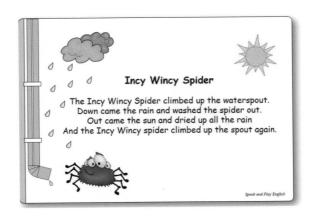

13. Take Me Out To The Ball Game(야구장에 데려가 주세요)

14. Pussy Cat Pussy Cat(고양이야, 고양이야)

15. Hot Cross Buns(뜨거운 십자가 빵)

16. This Little Piggy(아기 돼지)

17. Ladybird, Ladybird, Fly Away Home(무당벌레야, 집으로 가렴)

18. Miss Polly(폴리양)

19. Hey Diddle Diddle(고양이가 바이올린을 켜요)

20. Handy Spandy(핸디 스팬디)

21. Clementine(클레멘티인)

22. Onward, Upward(앞으로 위로)

23. Pat A Cake(케이크를 반죽해요)

24. Kookaburra(쿠커버러)

25. Rub-a-Dub Dub(둥둥둥)

26. Scotland's Burning(스코틀랜드가 타요)

27. What Care We(아무것도 바라는 거 없어요)

28. My Bonnie(나의 보니)

29. Six Little Ducks(여섯 마리 아기 오리들)

30. Hush Little Baby(쉿, 아가야)

31. Teddy Bear(테디베어)

32. There Were Ten In the Bed(침대에 열 명이 있어요)

33. Two Little Dicky Bird(두 마리 작은 새)

34. The Bear Went Over the Mountain(곰이 산 너머로 갔어요)

35. Happy Birthday(생일축하 노래)

36. London Bridge(런던 다리)

37. If You Are Happy(만약 네가 기쁘다면)

38. Looby Loo(루비루)

39. To Market, To Market(시장으로, 시장으로)

40. Alphabet Song(알파벳 송)

41. Hockey Pockey(호키포키 송)

42. Bingo(빙고)

43. Jingle Bells(징글벨)

44. Marry Had a Little Lamb(매리에게는 작은 양이 있었어요)

45. Little Cabin In The Wood(숲속의 작은 집)

46. The Farmer In the Dell(골짜기의 농부)

47. Oh, Susanna(오, 수잔나)

48. Ten Little Fingers(열 개의 작은 손가락)

49. Baa Baa Black Sheep(매애매애 검은 양)

50. Pop! Goes the Weasel(휙! 족제비가 간다)!

− Bonus ＋ 10곡

1. Yankee Doodle(양키 두들)

2. Three Little Kittens(세 마리의 작은 고양이)

3. The Family(가족)

4. Days Of The Week(요일들)

5. We Wish You A Merry Christmas(즐거운 성탄절이 되길)

6. Christmas Is Coming(크리스마스가 다가와요)

7. Old Mcdonald Had A Farm(맥도날드 아저씨네 농장)

8. Where is Thumb(엄지 어디 있어)?

9. Head And Shoulders(머리 어깨)

10. Row, Row Your Boat(노를 저어요)

위의 노래 60곡만 모두 외워 노래 부를 수 있다면 얼마나 좋을까? 영어에 쉽게 접근하기 위해 제안하는 영어 노래 부르기 60곡을 완수한다면 사실 영어 공부의 50%는 이미 완성해 놓은 거라 할 수 있다. 영어 노래에는 어휘(Vocabulary)가 있고, 이를 활용해 만든 문장(Sentence)이 있고, 문법(Grammar)이 숨어 있어 말하기, 듣기를 저절로 완성한다고 해도 과언이 아니다. 만약 내 아이가 영어 노래 부르기를 정말로 좋아해 혼자서도 위에서 제시한 노래의 50% 이상을 부를 수 있다면 이건 완전히 '로또'에 당첨된 듯한 행운을 거머쥔 것이나 다름이 없다. 와우! 노래는 기억력(Memory)을 통해 단기기억(Short Term Memory)을 장기 기억(Long term memory)으로 우리 뇌의 연결능력(Association Linkage)을 만들어 내는 힘이 생긴다. 이걸 토대로 음악적 능력도 키워져 동시에 언어의 잠재능력(Potential Learning Ability)이 형성되는 것이다.

　이렇게 영어 노래나 챈트에 친숙해지고 입에서 흥얼흥얼 나올 수 있도록 분위기가 만들어져 아이가 영어 소리 듣기가 더욱 자연스러워지면 본격적인 듣기교재를 시작해도 별 무리가 없을 것이다. 다음은 어린이들이 본격적인 듣기를 시작할 때 활용하면 좋은 교재들이다.

　우리 영어 유치부 아이들은 아침마다 영어 동요를 통해 하루를 연다.

　매월 5곡씩 1년이면 60곡이다. 단, 조건이 있다.

　이 노래를 다 외우고 나서 이 노래를 English Sign Language를 통해 Story로 만들어 보는 것이다. 이렇게 마친 아이들을 초등학교 영어 말하기 대회 가서 승승장구하는데 큰 밑거름이 된다는 거 잊지 말자.

・ **듣기교재 3) LISTENING SEED**(능률)

　- Listening Seed는 영어 노래, 챈트 등, 듣기를 위한 귀가 조금 뜨이기 시작했다면 본격적인 듣기교재로 체계적인 듣기 활동에 들어

가도 좋다. 이 책은 코스 북(Course Book)을 공부하는 학생들이 필수적으로 알아야 할 주제와 어휘 및 의사 표현을 중심으로 구성되어 있다.

- 집중해 듣는 훈련은 당연히 아이의 Listening Skill이 향상될 수밖에 없다. 특히 이 책은 Phonics를 끝낸 학습자가 배운 내용을 다시 Review 할 수 있어 Sound에 대한 변별력을 키우는 데 더욱 큰 역할을 할 것이다.

- 본격적인 듣기교재의 장점은 Output(발화) Skill 강화하는 데 있다. Listening으로 학습한 Key Expression을 활용하여 자연스레 Speaking 연습을 할 수 있다.

- 듣기교재의 기본 활동에 충실할 수 있지만, 듣기교재의 장점은 이를 듣고 따라 말하며 Speaking Skill을 함께 할 수 있다는 것이다. 게다가 아이가 쓰기까지 가능하다면 본문에서 학습한 내용을 Dictation 할 수 있어 몇 가지 활동을 동시에 할 수 있다.

- 듣기를 하며 Dictation을 하게 되면 듣기에 완전히 집중하게 된다. 그러므로 흘려듣기, 혹은 단순히 듣고 따라 말하는 것보다는 몇 배 이상의 효과를 보며 듣기를 위한 심화 학습이 가능하다.

– Tip 소개: 아이가 리딩을 시작했다면 녹음기로 아이의 음성을 녹음
하고 들어 보자. 본인의 목소리를 녹음하고 듣기를 반복하는 것만큼
듣기실력이 향상되는 것도 없다.

말하기 연습(Speaking Practice)은 거침없을 때 실천하라

듣기 연습이 꾸준히 뒷받침되고 있다면 이와 함께 말하기를 실천해보자. 말하기는 사실, 말해야 한다는 의식을 갖고 실천한다면 부담으로 작용할 수 있어 아직은 습득을 노릴 수 있는 시기를 거꾸로 학습으로 변화시켜 효율성이 떨어질 수 있다. 아직은 언어습득 장치가 살아 있어 비록 틀린 영어를 해도 개의치 않고 거침없이 흉내 내고 따라 말할 때 말하기 연습을 실천하도록 한다.

말하기를 위한 교재는 물론 시중에서 우리가 쉽게 구할 수 있는 것들을 활용하는데 무엇보다 중요한 것은 한꺼번에 너무 많은 욕심으로 아이를 지루하게 하지 않는 게 중요하다. 잘한다! 잘한다! 칭찬하며 하루에 한 유닛씩 주어 꾸준히 실천할 수 있도록 하는 게 중요하다.

나는 아이들이 영어 학습을 매우 자연스럽게 실천할 수 있게 하는 방법의 하나가 그 어떤 교재도 쉽게 구매할 수 있어야 한다고 생각한다. 해외직구를 해야 할 정도의 불편함이 있어서는 안 된다. 그래서 이 책에서 소개하는 모든 책은 시중(일반 대형 서점, 영어 전문서점, 온라인)에서 쉽게 구매할 수 있고 어학원, 혹은 일반 영어 전문학원에서 현재 많이 사용하고 있는 교재들을 우선으로 소개하고 있다.

• **말하기교재 1) Everyone Speak! Kids(능률)**

- 이 교재는 Speaking 학습을 처음 하는 학생들(1, 2학년 포함)에게 권장
  한다. 우선 초급단계에서 필수적으로 다루어지는 나와 내 주변에 관
  한 기초적인 내용이 제공되어 정말로 초급단계의 아이들이 부담 없
  이 Speaking 학습을 시작할 수 있는 교재이다.

- 이 책은 기본 어휘와 표현을 학습하는 일반 유닛 3개와 짝지어진 검
  토 유닛 1개로 구성되어 있다. 또한, 초보자가 지루하지 않게 말하
  기를 즐길 수 있도록 게임으로 복습하고, 직접 녹음해서 롤-플레이
  (Role-play)할 수 있는 Multi-ROM이 포함되어 있다.

- Public Speaking Skills의 기초를 다질 수 있는 Show&Tell 학습
  법이 적용되어 있어 말하기에 자신감을 얻을 수 있도록 발표력 향상
  에 도움을 줄 수 있다. 물론 말하기의 재미를 붙이기 위해 흥겨운 노
  래와 챈트가 제공된다.

• 말하기교재 2) I Meet Speaking(Happy House)

– 이 교재의 특징은 단원 별로 일상생활에서 유용하게 쓰이는 주요 어휘와 문장 표현을 학습할 수 있도록 구성되어 있다. 즉, 말하기 연습을 해야 할 이유를 충분히 살펴 실생활에서 활용할 수 있는 것들 중심으로 구성해 놓아 말하기 연습이 친숙해질 수밖에 없다.

– 말하기 연습은 박자에 맞춘 챈트나, 리듬이 있는 노래로 배우는 게 가장 쉽다고 말했다. 고맙게도 이 책은 챈트는 물론 Role-play, Cartoon 등 다양한 형태로 다양한 상황을 통한 주요 표현을 반복 학습할 수 있게 해 놓았다. 또한, 다양한 형태의 연습문제 풀이로 말하기 연습할 때의 내용을 기억해 주요 어휘와 문구를 반복, 복습하게 만든다.

– Speaking Practice를 할 때 가장 중요한 것이 바로 정확한 발음이다. 내가 어떤 소리를 내는지, 그 소리가 맞는지 복습할 수 있는 장치가 있어야 한다. 이 교재는 과마다 단어로 소리를 복습할 수 있는

Story Review(스토리 리뷰)가 있다.

– 단원의 주요 표현을 실제 생활에서 활용해 보는 임무(Mission)를 주고 기록하여 발표하도록 유도하고 스스로 확인 학습할 수 있는 워크북을 제공하고 있다.

영어를 처음 시작한 아이들은 지금까지 내가 제시한 것들을 따라 하면 되겠지만 이미 영어 공부를 하고 있어 읽기 / 쓰기 / 말하기 / 듣기가 조금씩 원활히 되는 아이들이라면(영어 학습 경력 1.5년 이상) 코스 북(Course Book)으로 영어의 4개 영역을 골고루 연습하길 권장한다. 단, 어휘(Vocabulary) 연습과 RC(Reading Comprehension)는 따로 꾸준히 실천되어야 한다. 영어 학습경력 1년 차 이상인 1, 2학년 아이들이 듣기와 말하기 위주로 Little Conversation 역량을 길러줄 수 있는 코스 북을 소개한다.

<코스 북으로 카피캣(Copy Cat)을 만들자>

• 코스 북 1) COME ON Everyone(능률)

《COME ON》 교재는 국내외 최신 교육과정을 반영한 코스 북으로 체험을 통해 학습한 내용을 효과적으로 익힐 수 있는 과제 중심의 코스 북이다. 자기만의 결과물을 만들어 내는 아이만의 창의력을 강화할 수 있는 코스 북으로 뚜렷한 학습 결과물을 보게 한다.

Practice 적인 측면에서는 매 Lesson 별, Unit 별 학습한 내용을 Speaking Task 및 Presentation 과제를 통해 마무리하게 되어있다. 또한, 권별 학습 내용에 약 70% 이상의 Reader's Theater Story Book으로 꾸며진 것을 읽으며 자신이 학습한 내용을 마무리하게 한다.

이 교재는 엄마와 함께 정해진 양을 학습해도 좋은 플랜을 갖고 있다. 아이가 영어 환경 노출을 몇 시간 학습되었나 체크하는 각종 테스트가 있어 중간, 중간 아이의 학습 성취도를 체크하고 최종 점검할 수 있다. 또한, DVD-ROM을 통한 학습 보강 자료가 수록되어 있다. 예를 들어,

플래시 카드, 노래와 챈트, 만화 등 다양한 형태로 연습할 수 있는 여러 가지 활동이 수록되어 있다.

• 코스 북 2) Way to go(Happy House)

- 의사소통에 필요한 주제와 상황별 대화문으로 학습 목표를 제시해 주고 있다. 책의 구성은 Conversation, Words to Learn, Practice, Phonics / Read and Learn으로 아이들이 단계적이고 유기적으로 학습할 수 있게 되어있어 이 책을 공부하는 것이 습관이 되면 혼자서도 척척 잘 해내는 모습을 볼 수 있다.

- 각 단원의 주제와 연계된 기본 문형을 챈트와 노래로 만들어 놓아 아이들이 노래와 챈트를 따라 말하며 학습 내용을 강화할 수 있다.
- 대부분이 Course Book은 Student Book과 Workbook으로 구성

되어 있다. Workbook은 Textbook으로 학습한 내용을 기초로 연계 확장학습 할 수 있도록 만들어 놓은 것이다. 하지만 연령상, 혹은 아이들의 성향으로 보아 Workbook까지의 실천이 힘들다고 판단되면 굳이 두 가지를 모두 하라고 강요하지 말고 Workbook은 아이가 부족한 부분을 보충 학습하는 정도만 써도 무방하다.

− 이 책은 듣기 과제를 통해 학습자 스스로 학습 내용을 복습하는 Homework Book(오디오 CD 포함)이 있다. 이 책을 통해 아이들은 주요 단어와 기본 문형 학습활동으로 구성된 Word Bank와 Word & Grammar를 실천할 수 있는데 이건 사실 초등 3학년 이상이 되어 활용해도 좋다. 따라서 이것까지 모든 걸 수행할 생각보다는 잠시 놔두었다가 영어 학습이 꾸준히 실천된 영어경력 2.5년 이상이 되었을 때 다시 꺼내어 봐도 좋을 것이다.

• 코스 북 3) Smart English(e-future)

- Course Book은 무엇보다 CD를 들으며 따라 말하고 꾸준히 연습하는 게 중요하다. 대부분 책이 말 그대로 하나의 코스(Course)로 구성되어 있으므로 시작은 했지만, 끝까지 마치는 게 사실 너무 힘들다. 무엇보다 아이들을 격려하며 잘 이끌어 갈 수 있도록 옆에서 도와주도록 한다.

- 이 책을 사용해보면 알겠지만, 삽화(그림)의 색감이 매우 풍부하다. 보는 것만으로도 마구 하고자 하는 욕구가 생기기도 한다. 재미있는 캐릭터들이 등장하는 유용한 회화 표현을 익히도록 한다.

- 신나는 챈트와 노래가 수록되어 있다. 늘 흘려듣기라도 할 수 있도

록 아이에게 많이 들려주도록 한다. 이 교재는 전체적인 학습 내용을 점검할 수 있는 테스트와 온라인 학습이 제공되니 적극적으로 활용하자.

글을 읽을 줄 알게 하라(Phonics 학습하기)

영어를 배우기 위한 기본단계는 알파벳 익히기이다. 알파벳을 모른다면 사실, 읽기는 불가능하다. 1, 2학년을 위한 읽기의 첫걸음은 파닉스(Phonics) 익히기이다. 이미 파닉스를 익혀 글을 읽을 줄 아는 단계라면 RC(Reading Comprehension)로 넘어갈 수 있다. 하지만 이 책은 어디까지나 초등학생임에도 불구하고 영어를 아직 본격적으로 시작하지 못한 아이들, 혹은 시작했더라도 체계적인 학습이 부족하다고 생각되는 아이들을 위한 것이기에 파닉스에 대한 기초적인 지식과 이를 어떻게 공부해야 하는지에 대해 논하고자 한다.

파닉스는 우선 올바른 소리를 알기 위한 첫걸음이라 생각하면 쉬울 것이다. 파닉스는 26개의 알파벳이 40 이상의 소리를 만들어 내는 소리와 철자의 관계, 규칙을 알려주는 것이다. 영어를 가르치는 곳은 어느 곳에서도 파닉스를 가르치지 않는 곳이 없을 정도로 영어 교육의 첫 단계를 파닉스 익히기로 알고 있지만 사실 파닉스를 배우기 위해 거쳐야 할 또 다른 단계를 제대로 알지 못하는 것 같다.

파닉스는 문자와 소리를 매치하는 과정이다. 이 전에 사실 우리가 충분히 영어 소리를 즐겨야 하며 서로 다른 영어의 소리를 인지하고, 들리는 단어가 몇 음절인지 알아가는 과정을 충분히 즐겨야 한다. 이를 음운론이라 한다. 대부분 우리나라 아이들은 교육현장에서 알파벳을 떼고 난후, 영어 소리의 다름과 즐거움을 맘껏 누리지 못한 채 곧바로 파닉스 훈련으로 넘어가다 보니, 물론 아이들의 개인차에 따라 다르겠지만 소리의 다름을 충분히 즐기지 못한 아이들은 파닉스를 배운지 2년이 넘어가도 제대로 그 규칙을 따라오지 못하는 아이들도 많다. 그런데 한 가지 우리가 알아야 할 부분은 음운론은 문자를 익히기 시작해 각 문자의 소리를 구분하고 이것저것 따지는 아이면 또 할 필요는 없다. 이는 어디까지나 문자를 아직 읽지 못하는 아이들, 그저 영어를 듣고 따라 말하며 맘껏 즐기고 있는 아이들에게는 음운론이라는 것이 적용되겠지만 한글, 영어의 체계를 알아 그 원리를 서로 호환할 수 있는 아이라면 곧바로 학습 과정인 파닉스 과정을 바로 실천하면 될 것이다.

a. Beginning Consonants(첫소리 자음)

자음과 모음의 구분은 이미 할 수 있어야 한다. 모른다면 지금이라도 알아두자.

26개의 알파벳 중 5개가 Vowels(모음: a, e, i, o, u), 5개의 모음을 제외한 나머지 21개가 자음(Consonants)이다. Beginning Consonants 하는 것은 첫소리가 자음으로 시작하는 단어를 말한다. 예를 들어, boy, cat, dog…. 영어단어의 첫소리 자음을 알려주는 방법으로는 이미지와 이미지를 표현하는 소리를 반복해 들려주며 소리와 문자를 이해를 돕는다. 예를 들어, boy, book, baby….

b. Ending Consonants(끝소리 자음)

cat, mat, vet, rat 등, 위와 같은 방법으로 연습한다.

c. Short Vowels(단모음)

단모음은 5개의 모음이 자음과 함께 결합에 있어 말 그대로 짧게 소리 나는 것을 말한다. 우선 단모음과 이에 따른 소리 들을 알려준 후 소리 조합의 원리를 알려준다. 철자를 조합시키기 이전에 우선 소리를 아는 게 중요하다.

d. Consonant Digraph(이중 자음)

두 자음이 만나 각각의 원래 소리가 사라지고 새로운 하나의 소리가 나는 것을 이중 자음이라고 한다. 예를 들며, sh, ch, th, wh 등이 대표적인 소리이다. 이는 사실 지금까지의 '자음+모음'의 규칙에 어긋나는 것이기에 이를 통해 파닉스에는 항상 예외가 있다는 것을 처음 아는 계기가 된다. 이는 파닉스를 완성하기 위해서는 얼마나 많은 연습이 필요한지를 말해 주는 것이기도 하다. 사실, 파닉스의 원리대로 영어는 100% 모두 읽을 수 없으므로 Sight Words(사이트 워드)도 함께 실천해야 하므로 Sight Words를 연습하기 위한 또 다른 학습량이 늘어남을 자연스레 받아들일 수 있다.

e. Consonant Blends(연속 자음)

이건 또 뭔가 할 것이다. 연속 자음은 이중 자음과 구별되어야 한다.

연속 자음은 bl, cl, cr, fl, sm, sk 등을 말한다. 이로 구성된 단어들은 black, cloud, crab, flower, small, skunk 등. 연속 자음이라는 소리도 낯선데, 규칙대로 읽기 위해서는 그 뒤에 따라 오는 '모음+자음'을 연속해 읽을 때의 소리가 어떤지 많이 발음해 봐야 한다.

f. Long vowels with Final e(e로 끝나는 장모음/ Magic 'e')

단어의 끝에 _e가 붙는 모음(a_e / i_e / o_e /u_e)은 자신이 가진 알파벳의 소리를 가진 것을 말한다. 예를 들어, make / bike / bone / cute. 그래서 마지막의 '_e'를 Magic 'e'라고 부른다.

g. Soft & Hard 'c' 'g'

한 자음에서 두 개의 다른 소리가 나는 것을 말하는데 'c'는 대부분 /k/라는 소리가 나지만 e, y, I 앞에서는 부드러운 /s/소리가 난다. 이것을 soft 'c' sound라고 말한다.

$$/k/ - cat, cam$$
$$/s/ - cent, several$$

'g는 대부분 /g/소리가 나지만 e, y, I 앞에서는 /j/ 소리가 나며 이를 soft g라고 말한다. 이런 규칙을 아이들이 많이 소리 내어 읽으며 익혀야 한다.

/g/ - game, gate

/j/ - gym, giraffe

h. *Long vowel Digraph(이중모음)*

두 개의 모음이 모인다고 각각의 소리를 모두 가진 게 아니라 새로운 하나의 모음 소리가 나는 것을 말한다. 예를 들어, ai, ou, ie 등. Cloud, hail, friend.

이는 이중 자음이라는 규칙과 살짝 거리가 있다. 이중 자음은 나름대로 각자가 가진 자음의 소리를 내기도 하지만 이중모음은 그 자체를 그대로 외워야 한다.

예를 들어, cloud는 이중 자음(cl)과 이중모음(ou)의 원리를 모두 가진 단어이다. 이런 경우, 아이들이 소리 내어 충분히 말하며 소리와 문자를 관계를 깨닫게 해야 한다.

파닉스를 배우면 영어를 읽지 못했던 아이들이 단시간 내에 영어를 읽을 수 있는 장점이 있다. 이미 한글을 읽을 수 있으므로 그 원리를 알고 있어 파닉스를 배우는 것 또한 그리 어렵게 받아들이지 않는다. 다만, 외워야 하는 부분에 있어 꾸준한 학습이 필요하다. 다음은 아직 영어를 읽지 못하는 아이들이 리딩의 첫걸음으로 활용할 수 있는 파닉스교재를 소개한다.

• 파닉스교재 1) COME ON Phonics(능률)

- 이 교재는 학습 단계가 미취학 단계의 실력을 갖추고 있는 초등학생
의 인지능력에 맞추어 체계적으로 구성되어 있어 파닉스를 처음 접
하는 학습자에게 매우 유용하다.

- 아이들의 지루함을 없애기 위해 흥미로운 챈트와 스토리로 파닉스
를 재미있게 배울 수 있고 다양한 활동(Activity)이 제공되어 있어 집
에서도 엄마와 아주 재미있게 학습할 수 있다.
- 교재의 맨 뒷부분에는 각각의 음가를 연습할 수 있는 Flash
Cards(단어카드), Board Game(보드게임), Poster(포스터) 등이 있어 다
양한 학습활동이 가능하도록 구성되어 있다.

- 학습한 파닉스를 재미있게 복습할 수 있는 애니메이션 및 게임이 수
록된 DVD-ROM이 제공된다.

• 파닉스교재 2) PHONICS SHOW(능률)

– 《PHONICS SHOW》는 보통 3권으로 구성된 다른 파닉스교재들과
는 달리 4권으로 구성되어 있다. 그만큼 아이가 책 1권을 뚝딱 완성
했다는 성취감을 준다. 물론 학습자의 인지능력과 순서에 따라 자연
스럽고 체계적인 학습 단계로 구성된 건 말할 것도 없다.

– Workbook이 함께 있지만, 아이들이 너무 어려서 쓰기를 싫어한다
면 Workbook은 건너뛰어도 좋다. 대신 Textbook을 한 권씩 끝내
면서 제일 부족한 부분만 골라 Workbook으로 Review를 해보길
권장한다. 힘들지만 Textbook과 Workbook을 모두 끝낸 아이들
은 스펠링까지도 외우는 걸 볼 수 있다. 스펠링을 외운다는 것은 쓰
기 또한 바로 할 수 있다는 의미이다. 결국, Writing 능력을 강화해
줄 것이다.

– 영어 초보자를 위한 Chant와 Song으로 즐거운 학습을 유도하는
것 외에도 Multi-ROM, 스티커, 캐릭터, 애플리케이션 등 다양한

흥미 요소들을 제공한다.

– PHONICS SHOW Readers(능률)

《PHONICS SHOW》와 함께 진행하면 좋은 《PHONICS SHOW Readers》를 소개하고자 한다. 《PHONICS SHOW》와 《PHONICS SHOW Readers》는 연계학습을 할 수 있는 Readers Book이다. 전체의 Units가 1:1로 유기적으로 연계되어 학습 효과가 극대화되는 걸 볼 수 있다.

《PHONICS SHOW》 교재에서 학습한 단어 위주로 구성된 문장을 읽으면서 처음 영어 읽기를 시작하는 아이들에게 자신감을 부여할 수 있다. 문장 구성이 각 Unit에서 가르치고자 하는 목표 음가를 리듬감 있게 반복적으로 배열해 놓은 Story를 읽으며 스스로 문장 읽기를 연습할 수 있다.

이 책을 소개하는 또 하나의 이유는 책의 내용이 미국 교과과정 중 7

개 교과(Science, Math, Social Studies, Art, Music, Physical Education, Health Education)를 소재로 사용하고 있다. 앞으로 아이들이 읽어야 할 Fiction과 Nonfiction의 책들을 미리 경험하게 한다. 오디오 CD를 들어보면 읽기 속도가 읽기를 처음 읽는 아이들의 수준에 맞추어 쉽게 듣고 따라 읽을 수 있게 구성되어 있다.

• **파닉스교재 3) Smart Phonics**(e-future)

- 《Smart Phonics》는 말 그대로 Smart 하다. 이 책은 단원별로 뚜렷한 학습 목표를 제시하고 있어 아이가 엄마와 함께 공부를 시작할 때 이 과정을 따라 하기가 훨씬 쉬울 것이다. 엄마도 함께 아이와 이 책을 완성해 나간다면 '오호! 몰랐던 거네~'라는 생각을 하게 될 것이다.

- 체계적이고 간단한 단원으로 구성된 이 책은 특히 알파벳 소리 학습을 통해 정확한 발음을 습득할 수 있게 한다. 다 아는 것 같았지만 한 번 더 정확히 복습한다는 생각으로 이 책을 실천하면 매우 효과

적일 것이다.

- 이 책에 수록된 보드게임은 아이들이 특히 좋아하는 놀이 중의 하나이다. 또한, 추가 학습과 플래시 애니메이션이 담긴 Digital CD가 있어 아이들이 지속해서 오늘 내가 학습한 내용을 반복 연습할 수 있다.

- 재미있는 스토리와 챈트가 수록된 것은 물론 대단원 복습을 위한 만화가 수록되어 있어 아이들의 눈을 사로잡는다. 이렇게 재미있게 학습한 것들을 얼마나 알고 있는지 테스트하는 것도 중요하다. 권별로 Progress Test 수록해 놓아 엄마들이 아이들의 성취도를 체크할 수 있도록 해 놓았다.

• **파닉스교재 4) Speed Phonics**(e-future)

- 이 책은 3권으로 구성되어 있어 파닉스 학습이 빨리 완성되는 듯한 느낌을 주기도 한다. 3권으로 구성되어 있으니 책의 두께 감도 약간 있다. 당연히 파닉스를 배우는 데 있어 무엇을 먼저 익혀야 하는지

에 대한 단계별 학습 유닛으로 구성되어 있고 학습한 내용을 연습할
수 있는 재미있고 다양한 활동들을 수록해 놓았다.

– 이 책이 가진 또 하나의 매력은 파닉스를 하며 함께 익혀둬야 할 기
본적인 Sight Words를 포함한 파닉스 스토리와 챈트를 수록해 놓
았다는 것이다. 익살스러운 만화도 꽤 학습에 도움을 주며 첨부된
신나는 보드게임은 아이들이 학습한 파닉스의 원리를 다시 한번 깨
치게 할 수밖에 없다.

– 형성 평가와 추가 학습이 수록되어 있으며 스토리, 챈트 및 애니메
이션이 담긴 Digital CD와 학생들과 교사들을 위한 온라인 및 앱을
제공하고 있으니 이를 적극적으로 활용하도록 한다.

• 파닉스교재 5) Big Step Phonics(Happy House)

– 알파벳 철자와 소리를 단어, 문장, 스토리 단위로 단계적으로 학습
할 수 있도록 과마다 목표 음가와 파닉스 단어를 생생한 삽화로 소

개해 아이들이 쉽게 인지할 수 있도록 구성해 놓았다.

- 또한, 각 과에 있는 파닉스 스토리(Phonics Story)를 챈트로 부르면서 목표 음가를 반복 확인하고 4페이지 분량의 Phonics Readers(파닉스 리더스)를 통해 리딩(Reading)연습을 하게 한다.

- 학습한 파닉스 규칙을 다양한 유형으로 반복 학습하는 워크북이 있다. 해야 할 분량이 너무 많아 아이가 지치거나 질리지 않게 그 양을 잘 조절해 아이가 할 수 있을 만큼의 분량을 연습할 수 있도록 한다. 학습에도 강약이 있다. Workbook 하기를 힘들어한다면 오히려 이 책에 수록된 Multi-ROM을 활용해 알파벳 철자와 소리, 단어, 스토리를 생동감 있게 학습할 기회를 더 주도록 한다.

1-4
본격적인 리딩을 연습하게 하라

파닉스 학습을 거쳐 읽기가 가능해진 아이들은 보통 파닉스교재 안에 있는 Readers를 통해 짧은 이야기(Short Story)를 많이 접하게 된다. 사실, RC(Reading Comprehension)는 어휘(Vocabulary) 실력을 기초로 하며 문법(Grammar)도 살짝살짝 가미된 것을 볼 수 있다. 영어 학습 경력이 2년 이상 된 아이들은 기초적인 RC Book을 해낼 수 있다.

초보자를 위한 RC Book은 보통 각 단원을 이해하기 위한 기본 어휘(Vocabulary)를 제시해 준다. 따라서 RC Book을 꾸준히 실천한 아이들은 따로 어휘집(Vocabulary Book)을 공부하지 않아도 차츰 쌓이는 어휘 실력을 볼 수 있다. 또한, 대부분의 RC Book은 어휘 실력을 쌓게 하는 것뿐만 아니라 RC를 통해 제시되는 구문을 연습하며 기본적인 문법과 쓰기까지 함께 겸하게 된다.

중요한 것은 이러한 리딩 북을 단 한 권이라도 꾸준히 하는 것이다. 일단 시작은 했는데 맘처럼 잘 안 된다고 중간에 포기하면 앞으로 모든 영어 공부에는 리딩(Reading)이 베이스가 되어야 하는데 아이의 영어 공부 미래가 불투명해진다. 그러므로 엄마는 아이들이 지구력 있게 자신의 영어 학습을 잘 이끌어 나갈 수 있도록 격려와 칭찬을 아끼지 말아야 한다.

가장 좋은 방법은 엄마가 함께 참여해 주는 것이다.

자, 그럼 초등 1, 2학년의 아이들이 파닉스를 거쳐 읽기가 가능해지고 약간의 Short Story를 이해할 수 있는 영어 공부 경력 1.5년 이상의 아이들이 처음으로 접할 수 있는 독해교재(Reading Comprehension)들을 살펴보자.

• **독해교재 1) Super Easy Reading**(Compass)

– 이 교재는 제목처럼 '정말 최고로 쉬운 리딩'이다. 우선 단락(Reading Passage)을 읽을 수 있도록 어휘(Vocabulary Card)를 제공해 주어 짧고 간결한 구문 안에서 빈도수 높은 핵심 단어(Sight Words)를 자연스럽게 익히며 아무리 초보자라 하더라도 문형 학습이 가능하다.

– 본문에 대한 독해(Reading Comprehension)에 대한 간단한 점검을 이미지 어휘(Vocabulary)로 기초 어휘력을 강화해준다.

- 읽기 연습(Reading Practice)과 듣기 연습(Listening Practice)으로 본문에 대한 보다 상세한 내용을 다지고 간단한 듣기 연습을 할 수 있다. 또한, 쓰기 연습(Writing Practice)과 말하기 연습(Speaking Practice)을 실천하며 배운 핵심 단어와 본문 내용을 활용해 쓰기와 말하기 활동으로 단원을 마무리한다.

• **독해교재 2) READING Sketch**(능률)

- READING Sketch는 개인적으로 내가 좋아하는 교재이다. 우선 처음 리딩을 접하는 아이들의 눈에는 삽화(그림)가 매우 예쁘고 좋을 수 있다는 생각이다. 그리고 내용 또한 부담스러운 내용과 지문의 길이를 재구성해 현장에서 가르치다 보면 그리 어렵게 느끼지 않는다.

- 이 교재는 미국 교과서의 다양한 소재를 반영하고 있다. 또한, 연극 시연을 위한 지문이 추가되어 리딩을 한 후의 응용 학습이 가능하다. 워낙 내용적인 측면에서도 부담감이 없어 엄마와 함께 홈스쿨링을 할 때, 아이도 엄마도 부담감이 적다. 패턴 문장을 통한 자연스

러운 반복 학습을 유도하므로 엄마도 아이와 함께 학습하는 시간을 갖는다면 매우 재미있는 리딩학습이 될 것이다.

• **독해교재 3) My First Reading**(e-future)

– 초등학교의 통합교과 주제를 바탕으로 구성되어 있다. Fiction과 Nonfiction의 풍부한 스토리로 구성되어 있으며 초등 저학년 필수 어휘와 패턴화된 문장이 적절히 반영되어 있어 부담 없이 리딩연습을 할 수 있는 교재이다.

– 읽기의 유창성 향상을 위한 문장 단위 음원을 제공하고 있어 듣기와 읽기를 함께할 수 있다. 어떤 교재들도 마찬가지이지만 보통의 교재들은 주제 중심 활동으로 구성되어 있다. 이 책은 이런 활동은 물론 패턴화된 문장을 연습하며 읽기는 물론 Speaking과 Writing을 연계해 영어의 4대 영역을 통합적으로 연습시킨다.

– 이 교재에서 학습한 단어와 문장을 재미있게 연습할 수 있는

Speaking 활동지가 첨부되어 있으니 꼭 실천해 주길 바란다.

- **독해교재 4) I Can Read English**(e-future)

- 이 책을 모두 다 마치면 정말로 영어를 읽게 될까? 그렇다! 픽션 및 논픽션으로 구성된 20개의 스토리가 있는데 이 모든 스토리를 챈트로 따라 부르며 기억할 수 있도록 했다. 이렇게 기본 문형을 반복 학습함으로써 리딩의 기초 실력을 완성할 수 있게 한다.

- 이 책은 매우 다양한 활동들을 수록하고 있는 리딩북(Reading Book)이다. 예를 들어, 기본적인 Story, 이를 이해할 수 있는 Vocabulary, 그리고 Target Sentence와 이를 응용한 회화, 그리고 듣기 등의 다양한 액티비티로 구성되어 있다.

- 이 책에서 가장 맘에 드는 것은 아이들이 꼭 알아야 할 단어들을 그림으로 쉽게 이해하도록 구성한 Picture Dictionary가 수록되어 있다는 것이다. Picture Dictionary는 읽기가 아직 미성숙한 아

이들에게 매우 유용하게 쓰일 수 있는 교구들이다. 이 교재는 읽기 연습과 함께 각 유닛을 기억해 반복 학습할 수 있도록 Dictation Practice를 수록해 놓았다. 적극적으로 활용해주길 바란다.

• **독해교재 5) READING BOAT**(e-future)

‒ 이 교재 또한 그림 사전을 수록해 놓은 교재 중의 하나이다. 학원에서 많이 사용하고 있는 리딩교재이다. 수업하기 편리하게 간단히 단원을 구성해 놓아 집에서도 충분히 엄마의 지도하에 리딩 연습을 할 수 있을 것이다.

‒ 리딩을 원활히 하기 위해서는 무엇보다 어휘가 뒷받침되어야 한다. 그러기 위해서는 아이들이 지루해하지 않게 반복 아닌 반복을 해야 하는데 이 책은 나름 체계적으로 어휘를 반복시켜 리딩 스킬을 단계적으로 강화할 수 있게 한다. 물론 아이들의 교재를 볼 때 개인적으로 일러스트를 매우 중요하게 보는데 이 교재는 중심 캐릭터가 있어 Story를 이끌어가고 있어 한 유닛이 끝나면 다음엔 어떤 내용으로 이야기가 전개될지 궁금해지기까지 한다.

쓰기(Writing) 연습을 시작하라!

영어 학습을 이제 막 시작한 6개월 미만의 아이 들이게는 Writing교재를 권하지 않는다. 적어도 1년 이상의 경력이 있는 아이들, RC의 경험이 있으며 기본적인 어휘(Vocabulary) 학습을 최하 6개월 이상 꾸준히 훈련하고 있다면 어휘 학습을 계속하며 Writing교재에도 도전해보라고 권한다.

Writing교재를 하기 전에 어휘 학습이 먼저 이루어져야 한다. 사실 Writing은 자신의 Own Idea를 쓸 줄 알아야 진정한 Writing을 할 줄 안다고 얘기한다. 주어진 질문에 자기 생각을 정리하여 Essay를 쓰기까지는 엄청난 시간과 노력이 필요하다. 진정한 쓰기는 지식도 풍부하게 쌓아야 하며 쓰기를 위한 손놀림도 연령상으로 성숙해야 쓰기가 원활해진다. 이렇게 되기 전까지는 쓰기의 기초연습으로 반드시 어휘(Vocabulary) 학습을 꾸준히 할 것을 권한다.

초등 1, 2학년을 위한 어휘집은 시중에 이미 많이 나와 있다. 왜냐하면, 초등 3학년부터는 학교 교과과정에 영어 과목이 있으므로 많은 출판사가 교육부가 지정한 어휘를 기초로 한 초등영어 필수어휘를 많이 내놓고 있다. 하지만 잘 알다시피 초등 3학년부터의 영어 학습이 21세기 경쟁의 시대에서 얼마나 뒤떨어지는지 잘 알기에 어휘집조차도 초등 1, 2학년을 겨냥한 책들이 이미 많이 나와 있다. 다음 소개하는 어휘집들은 그중의 몇 가지만을 소개하는 것이다. 어떤 책들은 소비자의 이해를 돕기 위해 아예 학년을 표시해 놓은 것들도 있지만 맨 처음에 소개하는 《초등 필수 영어단어 따라 쓰기 노트》와 같은 교재는 어찌 보면 '3학년~6학년'까지 활용할 수 있도록 '노트 1~4'까지 구분해 놓았는지도 모른다. 하지만 내용을 살피면 '노트 1'만큼은 초등 1, 2학년의 아이들이 할 수 있을 정도의 수준임을 알 수 있을 것이다.

• **영어단어 1) 초등 필수 영어단어 따라 쓰기 노트 1**(Happy House)

　－ 이 4권의 교재들은 교육부 지정 초등 필수 영어단어 중 480단어를 뽑아 주제별로 정리해 놓았다. 1권은 《나와 가족》, 2권은 《자연

과 활동》, 3권은 《장소와 위치》, 4권은 《반대말》로 구성되어 주제 (Theme)별로 서로 연관된 단어를 공부할 수 있어 어휘를 외우다 보면 뭔가 한 줄에 구슬을 쭈~욱 끼우는 느낌이 들 것이다.

- 하루 6단어씩 20일만 따라 쓰면 권당 120단어를 학습할 수 있게 해놓았다. 아이들이 지루하지 않게 꾸준히 실천할 수 있도록 생생한 사진을 수록했고, 이를 보면서 원어민 발음으로 듣고, 따라 말하며 쓰기를 연습할 수 있다.

- 어휘라는 게 워낙 방대하다 보니 외워야 할 것들이 너무도 많다. 교육부 지정 필수 초등어휘라 하지만 이 외에 또 다른 코너를 만들어 숫자, 요일, 월 이름 등 약 80개의 기본 단어 추가 학습할 수 있게 해 놓았다. 매일매일 6개의 단어를 연습한 후 5일째 되는 날 30개의 단어를 복습하도록 해 놓았다.

• 영단어 2) 그 외의 영단어

다음의 어휘집들은 학년에 맞게 나누어져 만들어진 교재들이다. 물론 시중 서점이나 온라인 서점에서 구할 수 있는 것들이다. 고맙게도 특별히 학년별로 나누어 제시해 주고 있으니 고민하지 않아도 된다. 안의 내용(어휘 수준)은 사실 특별하게 다르지는 않다. 다만 삽화와 연습방법의 차이만 있을 뿐이다. 아이와 손잡고 서점에 가게 되면 아이에게 고르게 하자. 자신이 직접 고른 책으로 학습할 수 있도록 말이다.

넥서스 예스북 효리원

• 쓰기교재 1) WRITE RIGHT Beginner(Build & Grow)

– 1년 이상의 영어 학습이 체계적으로 진행됐던 아이들은 본격적인 Writing 연습이 가능하다. 이 교재는 체계적인 3단계 가이디드 라이팅(Guided Writing) 학습교재로 처음에는 조금 힘들 수 있다. 읽기, 쓰기를 함께 해야 하므로 이미 Vocabulary 학습이 함께 진행됐던 아이들이라면 그래도 잘 수행해 낼 수 있을 것이다. 다시 한번 말하지만 쓰기교재는 이제 막 영어를 시작한 초등 1, 2학년에게는 무리가 있다. 아직은 즐겁게 영어를 배워야 하는 아이들이므로 많은 스트레스로 아이들의 학습 의욕을 떨어뜨리지 않도록 한다.

– 이 교재는 하나의 주제를 주고 이 주제를 활용해 비슷한 형태의 글을 쓰게 하고 반복하면서 쓰기의 양도 점점 넓혀 주어진 주제에 대해 생각하고 다시 글을 쓰게 하여 생각하는 힘과 글의 구성력을 키워준다.

– 여러 유형의 장르 및 주제, 소재를 다루어 다양한 글을 쓰게 한다. 단계별 모델(Model)로 제시하는 Writing 지문의 길이 및 어휘, 문법, 문형 등을 차별화하여 쉽게 이해하고, 이를 카피(Copy)하면서 내 글로 적용하여 나만의 라이팅을 할 수 있도록 하였다. 또한, 쓰기를 하며 각종 부호(마침표, 쉼표, 느낌표, 물음표)의 쓰임을 정확히 알게 해준다. 다양하고 흥미로운 Writing Project로 쓰기에 대한 관심도를 높일 수 있을 것이다.

• 쓰기교재 2) I Meet Writing(Happy House)

– 이 교재는 일기(Diary), 저널(Journal), 편지(Letter), 이메일(E-mail) 등 다양한 글쓰기 샘플 지문이 수록되어 있다. 일상생활에서 유용하게 쓰이는 주요 어휘와 문법 포인트를 학습하게 한다. 단원별로 새 단어

를 소개하는 재미있는 캐릭터가 등장하여 아이들의 관심을 충분히 끌기도 한다.

– 쓰기 연습에 있어 가장 중요한 것은 쓰기의 샘플을 주어 따라 쓰기를 하고, 주요 어휘를 활용해 또 다른 문장 쓰기에 도전하는 것이다. 여러 가지 활동이 있지만 들은 것을 받아쓰기(Dictation)하는 활동이 제일 맘에 드는 것 중의 하나이다. 자신의 Own Writing을 위해 학습한 내용을 활용하도록 유도하고 스스로 쉽게 확인 학습을 할 수 있는 워크북도 포함되어 있어 활용도가 매우 높다.

– 이 교재를 하기 위해선 영어 학습이 몸에 자연스럽게 베이기 시작해야 한다. 라이팅교재는 출판사에 따라 조금씩 난이도가 다른데 이 교재는 위에 소개된 Write Right Beginner보다 조금 더 난이도가 있다. 2.5학년 정도의 아이로 2년 정도의 영어 학습경력을 가진 아이라면 도전해 볼 만하다.

• **쓰기교재 3) After School Writing**(Happy House)

– 이 교재는 6권으로 구성되어 있다. 이 모든 책을 초등 1, 2학년의 아이들이 다 할 필요는 없다. 6권 중, 1권과 2권 정도면 충분할 것이다. 이 교재는 아이들이 쓰기 학습을 하며 좀 더 많은 성취감을 얻도록 권별 6단원으로 짧게 구성되어 있다. 그래서 오히려 쓰기를 처음 시작하는 아이들이 선택하면 보다 큰 효과를 얻을 수 있을 것이다.

– 이 교재는 또한 아이들에게 친숙한 주제로 구성되어 있으며 초등영어 교과과정 필수 단어 및 문형을 반영해 3학년부터 시작되는 영어 교과과정을 좀 더 쉽게 준비할 수 있다. 주요 단어 및 구문을 반복 학습할 수 있는 다양한 연습문제를 제공하고 점점 더 난이도는 어려워져 저널, 편지, 일기, 에세이 등 다양한 글쓰기 형식을 제시하고 있다. 따라서 좀 더 복잡한 라이팅 연습이 될 수 있으니 나머지 교재는 시간을 갖고 천천히, 꼼꼼히 할 수 있도록 돕는다.

– 교재를 처음부터 대충 훑고 넘어가는 게 습관으로 남으면 이후 전개될 학습에 지장이 온다. 결국, 이런 좋지 않은 습관은 아이들의 학습을 망치게 한다. 교재를 여러 가지 대충 훑으며 하는 것보다는 한 개의 교재를 여러 번 반복해 복습하는 게 아이들에게는 훨씬 더 효과적인 학습이 된다. 꼭 기억해 주길 바란다.

2

초등 3, 4학년 학습법,
체계적인 영어 학습이 되어야 한다

초등 1, 2학년 때 영어 학습을 놓치고 3학년이 되어 학교에서 배우는 영어 시간에 흥미를 갖기 시작하면서 본격적으로 영어를 시작하는 아이들도 많다. 만약 4학년이 되어서야 영어를 시작한다면 이건 매우 곤란한

상황이라고 할 수 있다. 적어도 영어는 아무리 늦어도 초등학교 영어 교과과정과 연계시킬 수 있는 초등 3학년에는 시작되어야 한다.

만약 4학년이 되어 영어를 처음 시작한다면 공부로써 영어를 즐길 틈도 없이 곧바로 집중, 학습해야 한다. 그러다 보면 엄마는 아이와 소소한 싸움이 생기기도 한다. 엄마는 어떻게 하면 조금이라도 더 시켜 늦었던 것을 따라잡을 수 있을까 고민하고, 아이는 익숙하지 않은 영어 공부에 요리조리 피해 다니기까지 한다. 그렇다면 왜 이런 현상이 생기는 걸까?

한마디로 말하자면 이 아이에게는 공부하는 습관이 제대로 안 잡혀 있기 때문이다. 물론 선천적으로 성격도 차분하고 엄마 말씀에도 매우 순종적인 아이는 엄마 말씀대로 잘 움직여 주니 엄마가 이젠 됐다며 그만하자고 할 때까지 앉아 있는 아이들도 있다. 하지만 대부분 아이는 어릴 적부터 지구력 있게 앉아있는 훈련이 필요하다. 이런 지구력은 아이들이 학습 상태로 있을 때, 그 빛을 더 발한다.

공부는 습관으로 자리 잡아야 한다. 특히 영어는 매일매일 밥을 먹듯, 아무런 의문도 갖지 않고 "왜?"라는 질문도 할 필요가 없는 것이 되어 있어야 한다. 아이들이 무언가를 할 때 궁둥이를 잘 붙이고 있어 주길 바란다. 이 말은 '지구력'이 좋았으면 하는 의미이다. 그런데 우리가 잘 알다시피 지구력은 한순간에 생기는 것이 아니다. 무언가 꾸준히 실천하고 있을 때 만들어지는 게 지구력이다. 그리고 지구력은 곧 집중력과도 연결된다. 물론 아이가 좋아하는 놀이를 하거나 컴퓨터나 스마트폰으로 하는 게임을 하고 있을 때를 보면 지구력에 대해 논할 필요가 없는 것처럼 보인다. 하지만 이런 지구력은 학습의 지구력과는 차이가 있다.

3, 4학년의 학습법은 체계적이어야 한다. 체계적인 학습이 되기 위해서는 이미 아이들의 학습 태도에서 지구력 있는 모습이 보여야 한다. 즉, 이 말은 학습이라는 것 자체가 습관으로 자리 잡기 시작했다는 것이다. 같은 또래의 아이라 하더라도 공부하는 자세가 정말로 많은 차이가 나는 것을 볼 수 있다. 바른 자세로 지구력 있게 공부하는 아이, 집중하지 못하고 산만한 아이. 어떤 아이가 더 좋은 학습효과를 볼까? 두말할 것도 없이 지구력 있게 꾸준히 학습하는 아이가 결국 훨씬 좋은 학습효과를 본다.

3, 4학년의 시기는 꼭 영어 학습뿐만 아니라 다른 것들도 점점 더 체계적인 학습이 되어야 한다. 이제 곧 고학년이 될 것이고 초등 고학년은 바로 중등과정과 연결된다. 초등 고학년이 되어 학습 자세를 바로잡아준다는 것은 그리 쉬운 게 아니다. 아이들의 학습 태도를 보면 우리 같은 교육 전문가들은 아이들의 미래가 머릿속에 그려진다. 그리고 실제로 성장한 아이들의 모습을 보면 나름 그렸던 그림들이 틀리는 거의 없다.

내 아이의 영어 교육이 조금 늦었다고 생각된다면 굳이 지금부터 제안하는 3, 4학년의 학습법을 따라 할 필요는 없다. 우선 초등 1, 2학년을 위해 제안했던 학습법을 따라 하면서 온전한 3, 4학년의 영어학습법을 따라오려 애쓰면 된다. 늦은 만큼 따라잡으려면 해야 할 것도 많고 영어 학습이 온전한 공부로 느껴지지 못하는 안타까움이 따르지만 나름대로 열심히 실천하는 과정에서 집중력과 지구력을 얻어 더 열심히 하면서 영어에 대한 자신감이 배가될 수도 있다.

다음의 초등 3, 4학년의 체계적인 학습을 돕기 위해 꼭 실천해야 하는 것들을 서술해 놓았다. 다행히 초등학교 입학 전이나 입학하면서 이미 영어 공부를 하고 있다면 다음에 소개된 교재들을 잘 활용해주길 바라며 만약 영어 공부의 시기를 놓쳐 이제 막 시작하려는 아이들에게는 정신 바짝 차리고 더 늦기 전에 꾸준히 실천하는 학습 습관을 잡아주고 더욱 더 체계적인 영어 학습될 수 있도록 격려해 주길 바란다.

2-1

체계적인 학습을 위해 어휘 학습에 신경 써라

영어습득 혹은 학습에 있어 어휘가 얼마만큼 중요한가? 우선 언어학자에게 어휘의 중요성을 들어보자. 언어학자 데비드 윌킨스(David Wilkins - Second Language Learning and Teaching)는 "문법 없이는 의미 전달이 힘들 수 있지만, 어휘 없이는 의사소통이 불가능하다. 언어교육에 있어 가장 먼저 실천되어야 하는 것은 어휘 학습이다."라고 했다.

과거 1970~90년대에 영어를 공부했던 우리의 선배들은 영어단어를 외운다며 심지어 영어사전까지 찢어먹던 시대가 있었다. 다른 건 몰라도 단어만큼은 달달 외우라 했고 꼭 그렇게 하는 것으로 생각했다. 그도 그럴 것이 그때에는 독해를 잘하기 위해 단어공부는 필수였다. 하지만 이렇게 외운 것 들은 의사소통하기 위한 것에는 별로 도움이 못 되었다. 그 때의 학습 방법과 지금의 영어 학습의 목표가 많이 다르기 때문이다.

학습의 목표가 읽고 이해하는 것에서 말하기 위주의 학습 형태로 변했다 하더라도 단어 외우기와 어휘 학습의 중요성은 변함이 없다. 다만 말하기가 우선인 학습 목표에 맞춰 단순히 단어의 뜻과 스펠링을 외워야 하는 것이 아니라 그 단어가 그 문맥에서 어떻게 쓰이는지를 알아야 한다. 이것이 바로 어휘 학습으로 발전하는 것이다.

체계적인 어휘 학습은 단순한 암기를 뛰어넘는다. 아이들끼리 하는 말 중, "너, 단어 외웠어?"라는 말을 종종 듣는다. 우리가 아이들에게 외우라고 하는 단어(Word)는 띄어쓰기로 구별되는 말의 한 단위, 즉 단어 또는 낱말을 뜻한다. 우리 아이들이 보통 외워야 하는 단어를 Word List라고 한다. 그리고 단어의 쓰임이 문맥에서, 문장에서 어떤 의미로 쓰이는지, 단어와 단어가 합쳐져 종합적인 의미를 말하는 '어휘 학습'은 단순한 단어 외우기와는 다르다는 것이다. 그래서 단어만을 외우는 Word-Size를 키우는 것과 단어들의 총체적 쓰임과 의미를 알고 활용하는 어휘 학습은 Vocabulary-Size라고 말한다.

'어휘 학습'에 신경 쓰라 말하는 건 교실에서 아이들을 가르치다 보면 새로운 단어를 도입해줄 때, "나, 그 단어 알아요!"라고 자신 있게 말하며 스펠링과 뜻을 척척 말하곤 한다. 이 아이는 분명 단어를 알고는 있다. 대부분 아이가 단어를 안다는 것은 뜻과 스펠링, 그리고 그 단어를 발음해 말하는 것까지이다. 바로 거기까지인 것이다. 이런 아이는 '어휘 능력이 있다'라고는 말하지 않는다. 어휘 능력은 의사소통을 위해 그 어휘의 의미와 맥락까지 파악하는 것이다. 즉, 상황에 맞게 단어를 사용할 수 있는 것을 '어휘 능력이 좋다'라고 표현한다.

이런 어휘 역량은 단어(Word)를 많이 아는 게 아니라 수많은 어휘를 조합해 문맥에 맞게 정확히 사용하는 능력을 말한다. 그래서 어휘 역량을 키우기 위해 실천하는 가장 좋은 방법이 주제가 있는 본문(Reading Passage)을 읽으며 단어의 쓰임을 알아내는 것이다. 그리고 그 단어를 활용한 다양한 문장들을 익히는 것이 곧 어휘 역량을 높이는 것이다. 어휘 학습을 위해 읽는 간단한 본문 내용은 크게 보면 그 범위가 영어독서까지 넓혀진다. 영어독서에 관한 부분은 3장에서 따로 논하기로 하자.

어휘 학습은 하나라도 정확히 아는 게 중요하다. 이를 실천하는 아이들은 더 많은 어휘를 알게 된다. 여러 단어를 눈으로 대충 보며 학습하는 아이들이 의외로 너무 많다. 단어는 반드시 소리 내어 읽고 쓰며 외워야 한다. 그래야 내 몸속에 피가 흐르듯 단어도 함께 몸속을 돌아다니는 것처럼 완전한 내 것, 평생 기억하는 어휘가 될 것이다.

• 영단어 1) 초등 필수 영단어 따라 쓰기 노트 2-4

- 이 교재는 1, 2학년의 아이들이 어휘연습을 할 때 많이 활용되었던 책이다. 초등 1, 2학년은 '노트 1, 2' 정도를 사용한다면 3, 4학년의 아이들은 나머지 '노트 3, 4'를 사용하면 된다. 위에서도 설명했듯 교육부 지정 초등 필수 영어단어 중 480단어를 뽑아 주제별로 정리해 놓았기 때문에 이 정도는 3, 4학년이라면 충분히 학습할 수 있다.

- 위에서도 잠시 설명했지만, 단어는 단어 자체로만 외우지 말고 그 단어의 쓰임을 제대로 알게 하는 어휘 학습이 되어야 한다. 이 연습을 잘하기 위해서는 자신이 외운 단어로 문장을 만들어 보는 활동을 하면 매우 도움이 된다. 즉, Short Sentence로 영작을 해보는 것이다. 혹은 Children's English Dictionary 사용하거나 다른 영어사전에서 학습하는 어휘를 찾아, Example Sentence를 읽어 이해시키는 부분도 굉장히 많은 도움을 준다. 요즘은 아이들이 스마트폰으로 모르는 단어를 많이 찾는다. 이런 경우에는 직접 단어의 뜻은 알 수 있지만, 그 단어가 문장 안에서 어떻게 쓰였는지를 보기에는 많이 부족하다. 그래서 책 형태로 된 Dictionary를 사용하자는 것이다. 이런 활동이 별것 아닌 것 같지만 실제로 시간이 흐르면서 아이들의 어휘 실력을 얼마나 향상하는지 볼 수 있을 것이다. 믿으라!

• 영단어 2) 따라 쓰기로 배우는 초등 필수 영단어(혜지원)

    – 이 교재는 학습패턴에 순서가 있다. '그림을 보고 단어를 기억하기 → 따라 쓰기 → 원어민 발음을 들으며 큰 소리로 따라 말하기 → 쪽 지시험보기'의 순서로 초등 필수 영단어를 학습하게 한다.

    – 단어 수는 교육부 지정 초등영어단어 900개이다. 900개의 단어를 주제별로 모아 기억하기 쉽도록 재미있는 그림과 함께 제시했으며 동의어(뜻이 비슷한 단어)와 반의어(뜻이 반대되는 단어)를 수록해 놓았다. 그리고 내가 제일 좋아하는, 현장에서 늘 제일 먼저 강조하며 가르치는 '동사(Verb)'를, 초등생이 알아야 할 필수 동사를 책의 후반에 따로 모았다. 이것은 반드시 모두 외워야 한다.

• 영단어 3) 그 외의 초등영어단어 교재

넥서스   사람 in   이지스에듀

– 대형 서점, 혹은 온라인 서점을 통해 쉽게 구입할 수 있는 교재들이
다. 대한민국에 들어와 있는(외국 서적을 비롯하여 수입된 제품까지) 어휘집은
너무너무 많다. 수입한 교재들은 미국 혹은 영국 현지의 학생들이
쓸 수 있도록 학년이 표시되어 있지만 이러한 실정이 우리나라의 일
반적인 아이들에게는 적용되기 힘들다. 영어 학습 노출이 최하 3년
이상의 아이들은 외국 서적을 구입해 할 수도 있다. 그러나 영어 학
습을 시작한 지 얼마 되지 않은, 2년 이하의 학생들이라면 국내에서
초등학교 교육과 연계될 수 있도록 만든 위와 같은 어휘집을 먼저
사용하는 것에 더 낫다.

• 영단어 4) Basic Reading 200 Key Words 1–3(Compass)

– 초등 3학년의 아이들이 학습할 수 있는 적당한 교재이다. 반복적인
  문장패턴과 반전이 있는 스토리로 아이들이 읽기의 재미를 느끼며
  챈트와 애니메이션을 통해 단어를 학습하고 지문까지 함께 학습이
  가능한 교재이다. 아이들이 좋아하는 스티커 활동으로 흥미를 유발
  하니 조금 지루할 것 같다가도 스티커 활동이 기다려져 지구력 있게
  끝까지 학습하는 것을 볼 수 있다.

– 이 교재는 Sight Words가 추가로 구성되어 있어 파닉스로는 읽기
  가 부족한 것들을 보충 학습할 수 있도록 해 놓았다. Sight Words
  는 조금 설명을 하고자 한다.

<리딩을 원활하게 하는 Sight Words>

- Sight words는 HFW(High Frequency Words)라고도 말하며 이는 보통 파닉스 교육과 함께 이루어지고 있다. Sight Words는 생각하지 않아도 한눈에 알 수 있을 정도로 자주 나오는 단어들을 말하는데 다른 말로 HFW라고도 한다. 영어에는 약 600만 개의 단어가 있다고 하는데 교실 내에서 자주 쓰이는 단어들이 실제 사용의 25% 이상을 차지한다고 한다. 그래서 미국에서는 Kindergarten은 물론 Grade 6까지, 혹은 중학교 과정의 Grade 10의 학생에게도 Sight Words가 제공된다. Sight Words는 두 명의 박사(Dolch / Fry)가 제안한 Lists가 현재까지 사용되고 있다.

- Dolch 박사는 자신의 이름을 따서 만들어 놓은 Dolch List(돌치 리스트)에 약 500개의 단어를 선정했고 그 후에 추가 연구를 통해 총 220개의 Sight Words로 압축시켜 놓았다. 신기한 건 Dolch List의 220개 단어에는 명사가 포함되어 있지 않다.

Dolch List의 알파벳 순서로 나열해 놓은 Sight Words와 학년별 수준으로 나누어 놓은 Sight Words를 소개한다. 우리 아이가 여기 제시해 놓은 Sight Words 중에서 얼마만큼의 Sight Words를 아는지 테스트해보는 것도 재미있을 것이다.

All 220 Dolch words in alphabetical order

a	better	don't	get	I	many	out	she	these	wash
about	big	done	give	if	may	over	show	they	we
after	black	down	go	in	me	own	sing	think	well
again	blue	draw	goes	into	much	pick	sit	this	went
all	both	drink	going	is	must	play	six	those	were
always	bring	eat	good	it	my	please	sleep	three	what
am	brown	eight	got	its	myself	pretty	small	to	when
an	but	every	green	jump	never	pull	so	today	where
and	buy	fall	grow	just	new	put	some	together	which
any	by	far	had	keep	no	ran	soon	too	white
are	call	fast	has	kind	not	read	start	try	who
around	came	find	have	know	now	red	stop	two	why
as	can	first	he	laugh	of	ride	take	under	will
ask	carry	five	help	let	off	right	tell	up	wish
at	clean	fly	her	light	old	round	ten	upon	with
ate	cold	for	here	like	on	run	thank	us	work
away	come	found	him	little	once	said	that	use	would
be	could	four	his	live	only	say	the	very	write
because	cut	from	hold	long	open	see	their	walk	yellow
been	did	full	hot	look	or	seven	them	want	yes
before	do	funny	how	made		shall	then	warm	you
best	does	gave	hurt	make	our		there	was	your

DOLCH WORD LIST
Sorted alphabetically by grade level

Pre-primer		Primer		First		Second		Third	
a	play	all	out	after	once	always	right	about	never
and	red	am	please	again	open	around	sing	better	only
away	run	are	pretty	an	over	because	sit	bring	own
big	said	at	ran	any	put	been	sleep	carry	pick
blue	see	ate	ride	as	round	before	tell	clean	shall
can	three	be	say	ask	some	best	their	cut	seven
come	to	black	she	by	stop	both	these	done	show
down	two	brown	so	could	take	buy	those	draw	six
find	up	but	soon	every	thank	call	upon	drink	small
for	we	came	that	fly	them	cold	us	eight	start
funny	where	did	there	from	then	does	use	fall	ten
go	yellow	do	they	give	think	don't	very	far	today
help	you	eat	this	going	walk	fast	wash	full	together
here		four	too	had	were	first	which	got	try
I		get	under	has	when	five	why	grow	warm
in		good	want	her		found	wish	hold	
is		have	was	him		gave	work	hot	
it		he	well	his		goes	would	hurt	
jump		into	went	how		green	write	if	
little		like	what	just		its	your	keep	
look		must	white	know		made		kind	
make		new	who	let		many		laugh	
me		no	will	live		off		light	
my		now	with	may		or		long	
not		on	yes	of		pull		much	
one		our		old		read		myself	

http://www.k12reader.com

- Fry Lists(프라이 리스트): 프라이 리스트는 Dolch List를 보완해 나
  온 것이다. 프라이는 대략 1,000개의 어휘를 선별해 놓았고 1~10
  학년까지 매년 100개씩 어휘를 익힐 수 있도록 만들어 놓았다. Fry

Words – The First Hundred~Tenth Hundred로 나누어 놓았으니 과연 어떤 수준의 Sight Words가 있는지 살펴보자.

Fry Words – The First Hundred

List 1	List 2	List 3	List 4
the	or	will	number
of	one	up	no
and	had	other	way
a	by	about	could
to	words	out	people
in	but	many	my
is	not	then	than
you	what	them	first
that	all	these	water
it	were	so	been
he	we	some	called
was	when	her	who
for	your	would	oil
on	can	make	sit
are	said	like	now
as	there	him	find
with	use	into	long
his	an	time	down
they	each	has	day
I	which	look	did
at	she	two	get
be	do	more	come
this	how	write	made
have	their	go	may
from	if	see	part

Fry Words – The Second Hundred

List 1	List 2	List 3	List 4
over	say	set	try
new	great	put	kind
sound	where	end	hand
take	help	does	picture
only	through	another	again
little	much	well	change
work	before	large	off
know	line	must	play
place	right	big	spell
years	too	even	air
live	means	such	away
me	old	because	animal
back	any	turn	house
give	same	here	point
most	tell	why	page
very	boy	ask	letter
after	follow	went	mother
things	came	men	answer
our	want	read	found
just	show	need	study
name	also	land	still
good	around	different	learn
sentence	form	house	should
man	three	us	America
think	small	move	world

Fry Words – The Third Hundred

List 1	List 2	List 3	List 4
high	saw	important	miss
every	left	until	idea
near	don't	children	enough
add	few	side	eat
food	while	feet	face
between	along	car	watch
own	might	mile	far
below	close	night	Indian
country	something	walk	real
plant	seem	white	almost
last	next	sea	let
school	hard	began	above
father	open	grow	girl
keep	example	took	sometimes
tree	begin	river	mountains
never	life	four	cut
start	always	carry	young
city	those	state	talk
earth	both	once	soon
eyes	paper	book	list
light	together	hear	song
thought	got	stop	being
head	group	without	leave
under	often	second	family
story	run	late	it's

Fry Words – The Fourth Hundred

List 1	List 2	List 3	List 4
body	order	listen	farm
music	red	wind	pulled
color	door	rock	draw
stand	sure	space	voice
sun	become	covered	seen
questions	top	fast	cold
fish	ship	several	cried
area	across	hold	plan
mark	today	himself	notice
dog	during	toward	south
horse	short	five	sing
birds	better	step	war
problem	best	morning	ground
complete	however	passed	fall
room	low	vowel	king
knew	hours	true	town
since	black	hundred	I'll
ever	products	against	unit
piece	happened	pattern	figure
told	whole	numeral	certain
usually	measure	table	field
didn't	remember	north	travel
friends	early	slowly	wood
easy	waves	money	fire
heard	reached	map	upon

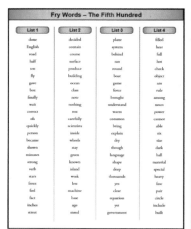

Fry Words – The Fifth Hundred

List 1	List 2	List 3	List 4
done	decided	plane	filled
English	contain	system	heat
road	course	behind	full
half	surface	ran	hot
ten	produce	round	check
fly	building	boat	object
gave	ocean	game	am
box	class	force	rule
finally	note	brought	among
wait	nothing	understand	noun
correct	rest	warm	power
oh	carefully	common	cannot
quickly	scientists	bring	able
person	inside	explain	six
became	wheels	dry	size
shown	stay	though	dark
minutes	green	language	ball
strong	known	shape	material
verb	island	deep	special
stars	week	thousands	heavy
front	less	yes	fine
feel	machine	clear	pair
fact	base	equation	circle
inches	age	yet	include
street	stood	government	built

Fry Words – The Sixth Hundred

List 1	List 2	List 3	List 4
can't	picked	legs	beside
matter	simple	sat	gone
square	cells	main	sky
syllables	paint	winter	grass
perhaps	mind	wide	million
bill	love	written	west
felt	cause	length	lay
suddenly	rain	reason	weather
test	exercise	kept	root
direction	eggs	interest	instruments
center	train	arms	meet
farmers	blue	brother	third
ready	wish	race	months
anything	drop	present	paragraph
divided	developed	beautiful	raised
general	window	store	represent
energy	difference	job	soft
subject	distance	edge	whether
Europe	heart	past	clothes
moon	site	sign	flowers
region	sum	record	shall
return	summer	finished	teacher
believe	wall	discovered	held
dance	forest	wild	describe
members	probably	happy	drive

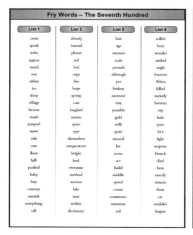

Fry Words – The Seventh Hundred

List 1	List 2	List 3	List 4
cross	already	hair	rolled
speak	instead	age	bear
solve	phrase	amount	wonder
appear	soil	scale	smiled
metal	bed	pounds	angle
son	copy	although	fraction
either	free	per	Africa
ice	hope	broken	killed
sleep	spring	moment	melody
village	case	tiny	bottom
factors	laughed	possible	trip
result	nation	gold	hole
jumped	quite	milk	poor
snow	type	quiet	let's
ride	themselves	natural	fight
care	temperature	lot	surprise
floor	bright	stone	French
hill	lead	act	died
pushed	everyone	build	beat
baby	method	middle	exactly
buy	section	speed	remain
century	lake	count	dress
outside	within	consonant	cat
everything	dictionary	someone	couldn't
tall		sail	fingers

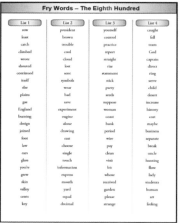

Fry Words – The Eighth Hundred

List 1	List 2	List 3	List 4
row	president	yourself	caught
least	brown	control	fell
catch	trouble	practice	team
climbed	cool	report	God
wrote	cloud	straight	captain
shouted	lost	rise	direct
continued	sent	statement	ring
itself	symbols	stick	serve
else	wear	party	child
plains	bad	seeds	desert
gas	save	suppose	increase
England	experiment	woman	history
burning	engine	coast	cost
design	alone	bank	maybe
joined	drawing	period	business
foot	east	wire	separate
law	choose	pay	break
ears	single	clean	uncle
glass	touch	visit	hunting
you're	information	bit	flow
grew	express	whose	lady
skin	mouth	received	students
valley	yard	garden	human
cents	equal	please	art
key	decimal	strange	feeling

Fry Words – The Ninth Hundred			
List 1	List 2	List 3	List 4
supply	guess	thick	major
corner	silent	blood	observe
electric	trade	lie	tube
insects	rather	spot	necessary
crops	compare	bell	weight
tone	crowd	fun	meat
hit	poem	loud	lifted
sand	enjoy	consider	process
doctor	elements	suggested	army
provide	indicate	thin	hat
thus	except	position	property
won't	expect	entered	particular
cook	flat	fruit	swim
bones	seven	tied	terms
tail	interesting	rich	current
board	sense	dollars	park
modern	string	send	sell
compound	blow	sight	shoulder
mine	famous	chief	industry
wasn't	value	Japanese	wash
fit	wings	stream	block
addition	movement	planets	spread
belong	pole	rhythm	cattle
safe	exciting	eight	wife
soldiers	branches	science	sharp

Fry Words – The Tenth Hundred			
List 1	List 2	List 3	List 4
company	sister	gun	total
radio	oxygen	similar	deal
we'll	plural	death	determine
action	various	score	evening
capital	agreed	forward	hoe
factories	opposite	stretched	rope
settled	wrong	experience	cotton
yellow	chart	rose	apple
isn't	prepared	allow	details
southern	pretty	fear	entire
truck	solution	workers	corn
fair	fresh	Washington	substances
printed	shop	Greek	smell
wouldn't	suffix	women	tools
ahead	especially	bought	conditions
chance	shoes	led	cows
born	actually	match	track
level	nose	northern	arrived
triangle	afraid	create	located
molecules	dead	British	sir
France	sugar	difficult	seat
repeated	adjective	match	division
column	fig	win	effect
western	office	doesn't	underline
church	huge	steel	view

Fry's List와 Dolch List의 차이점은 Fry's List에는 명사가 포함되었다는 점과 Dolch List에는 불규칙 동사의 과거형만 들어가 있지만, Fry's List에는 규칙 동사의 과거형도 포함되었다는 것이다.

Dolch List와 Fry List는 우리나라에 있는 외국인학교 및 어학원 영어 유치부에서는 웬만하면 모두 사용하고 있는 것들이다. Dolch List는 200개의 단어로 한정하고 있고, 초등 3학년 정도까지는 이 정도의 Sight Words는 원만히 모두 읽어야 한다고 제안한다. 그리고 Fry List 또한 각 레벨당 100개의 Sight Words를 제시해 두고 그 단계를 10단계까지 나열해 놓았다. 미국 현지에서는 Kindergarten Level부터 적어도 중등과정의 Grade 9까지 위에 제시된 Sight Words의 충분한 학습이 있어야 함을 제안하는 것이다.

실제 강남의 아이들은 초등 4~5학년 정도가 되면 Fry List 정도는 가볍게 알고 있다. 영어 교육에서도 지역적인 차이가 있음을 늘 느끼고 있지만, 그 아이들이 이렇게 수준이 높은 건 당연히 영어 노출을 이미 4, 5세면 시작한다는 것과 유치원에 다니고 있음에도 불구하고 미국식 영어 교육을 각 교육 기관을 통해 꾸준히 받고 있으므로 초등 4, 5학년이 되어서는 이 정도의 어휘쯤은 수월하게 모두 소화한다는 것이다.

교육의 1번지라 하는 곳의 아이들을 목표로 하는 것도 절대 나쁘지 않다. 오히려 우리가 공부할 때에는 '목표 설정'을 하는데 어찌 됐든 잘하는 아이, 성공한 아이를 목표로 삼는 게 당연하다.

• 영단어 5) Basic Reading 400 Key Words 1-3(Compass)

- 이 교재는 위의 Basic Reading 200 다음으로 할 수 있는 교재이다. 초등 3.5~4.0의 아이들, 영어경력 2년 이상의 아이들이라면 부담감 없이 실천할 수 있는 교재이다. 숨은그림찾기로 아이들의 호기

심을 자극하여 영어 학습 좀 더 친근하게 접근하게 한다. Picture Talk로 아이들이 그림을 보고 생각할 수 있도록 시간을 주고 이는 곧 습관으로 남게 하여 말하기 연습을 실천할 수 있게 한다. 흥미로운 지문 속에서 빈도수가 높은 단어들(High Frequency Words)을 반복적으로 학습하게 한다. 이 교재와 함께 이에 소개한 Dolch List 혹은 Fry List를 함께 활용하도록 한다.

듣기 연습(Listening Practice)은 더욱 꾸준히 연습하라!

체계적인 영어 학습을 위한 것 중의 하나가 아직은 듣기(Listening)를 꾸준히 실천해야 한다는 것이다. 듣기를 꾸준히 한다는 것은 영어 소리를 늘 들으며 영어 환경에 늘 사는 것처럼, 그래서 마치 영어몰입교육을 실천하고 있는 것처럼 영어라는 것을 항상 가까이하는 것에서 체계적인 영어 학습의 끈을 듣기를 통해 더욱 단단히 할 수 있다.

3, 4학년의 아이들은 더 이상 영어가 재미있게, 놀이처럼 여겨지지 않는다. 영어는 늘 공부해야 하는 것으로 자리 잡고 있으므로 아이들에게 강한 동기를 유발하는 것이 영어 학습 극대화하는 것이다.

아이들의 영어 학습에 있어 1~3학년까지가 최고의 시간이라 할 수 있다. 아직은 시간상으로 여유가 많으므로 영어에 몰입할 수 있는 최적의 시기이기도 하다. 4학년부터는 다른 교과과정도 사실 많이 어려워지고 해야 할 것들이 서서히 많아지므로 영어에만 몰입하라는 얘길 할 수가 없다. 이 시기에는 영어 외에도 논술(글짓기)도 시작해야 하고, 수학은 더더욱 신경 써 학습하기 시작해야 한다. 아이들이 학원에 본격적으로 다니기 시작한다면 보통 월~토요일, 1주일 동안 수학 2~3회, 영어 3회, 논술(글짓기) 1회로 시간표가 나온다. 학원에 모든 과목을 의지할 때를 말한다.

　학부모와 상담을 할 때 영어 공부를 조금 늦게 시작하는 아이라면 강한 동기를 유발하라고 조언한다. 영어 공부를 시작하며 목표를 세우고, 어떻게 공부할지 계획을 세우고, 더 나아가 그것을 왜 해야 하는지 분명히 알게 하고 최선을 다할 수 있게 독려하는 것이다.

　강력한 동기부여는 우리의 삶 전반에서 열정과 함께 공부에서든 직업에서든 날마다 해야 할 공부 분량을 마치게 해주는 훌륭한 연료일 뿐만 아니라 장기적인 지구력을 기르는 든든한 지지대가 되어준다. 또한, 공부와 인생에 방향을 잡아주는 돛의 역할을 해준다.

　가드너와 같은 언어학자도 영어에 노출되는 시간의 효과를 극대화하기 위해서는 또 하나의 조건으로 강력한 동기, 즉 학습에 대한 의지가 필요하다고 말한다. 그 외에도 수많은 심리학자, 교육학자들도 영어 공부에서 아이의 동기부여가 가장 중요하다는 것을 강조하고 있다. 이 같은 이야기를 하는 이유는 영어를 단지 외국어로 쓰는 환경에 있는 아이들(EFL: English as a Foreign Language)이 외국에 어학연수를 가거나 언어적 경험을 미국 현지에서 할 수 없는 상황에서 아이들의 영어 실력을 급속히 향상시키려면 적어도 3,000시간 이상을 노출하라고 하는데 이것 또한 직접 어떤 동기도 부여하지 않은 채 실천하라고 하면 절대 불가능한 시간이 되기도 한다.

아이들에게 영어 공부를 시작한다는 것은 스트레스로 작용할 수 있다. 그래서 그 어떤 과목보다 강력한 동기부여가 필요한 것이다. 아이가 좋아하는 간식을 먹는 기분으로 날마다 규칙적으로 즐겁게 영어 공부에 몰두할 수 있도록 해주어야 한다. 실제로 영어 공부가 끝나면 맛있는 간식으로 아이에게 동기를 유발하는 것도 나쁘지 않다. 나름 아이에게 동기를 유발할 방법들을 찾아야 한다.

Listening은 다른 영역(말하기, 읽기, 쓰기)의 기반이 되기 때문에 어릴 때부터 초등 때까지는 거의 60% 이상 듣기에 집중하는 것이 좋다. 이미 모국어가 깊이 자리 잡은 3, 4학년의 아이들은 영어의 소리를 구별하는 역량이 Listening의 시작이 된다. 소리를 구별하게 되면 소리는 자연스럽게 'Vocabulary'로 연결되고 이것이 모여 의미 있는 문장이 되며, 패턴이 된다는 것을 알게 되어 Listening을 하며 그동안 들었던 소리를 사용한다. 그러므로 Listening은 Vocabulary와 Speaking을 위한 준비 과정이 된다. 동시에 Listening은 Reading과도 연관이 있다. 들을 줄 아는 아이들은 이미 Vocabulary의 학습과 더불어 그 쓰임을 알기 때문에 Reading을 할 때도 훨씬 더 쉽게 접근할 수 있게 된다. 따라서 3, 4학년의 듣기 활동은 그 어떤 학습보다도 더욱 꾸준히 실천되어야 함을 명심하고 꼭 실천하길 바란다.

• 듣기교재 1) I Meet Listening(Happy House)

‒ 이 교재는 10개의 주제별로 의사소통을 할 수 있는 기초 어휘를 연습한 후 표현 중심의 대화문을 연습하게 한다. 재미있는 만화(Cartoon)와 스티커 활동으로 소개되는 단어와 주요 문장은 아이들의 관심을 끌기에 충분하다. 또한, 다양한 유형의 연습문제를 통한 단어와 문장 듣기는 아이들의 말하기 연습을 상황별 대화문 연습으로 연계시켜준다.

‒ 아이들의 듣기 학습에 제일 중요한 것은 어떻게 들은 것을 기억하게 하느냐이다. 주요 표현을 오래 기억하고 활용할 수 있는 개별화 활동이 무엇보다 필요한데 이 교재는 이러한 부분을 충족시켜주고 있다. 들은 것을 체크해 보는 것은 또 하나의 필수 영역이다. 아이들이 듣기 문제 유형을 체크해 볼 수 있는 리뷰 테스트를 제공하고 있

다. 이 교재는 처음에 어떻게 하는지 몇 번만 도와주면 그다음부터는 충분히 혼자서도 꼼꼼하게 듣기 학습이 가능한 워크북이 함께 있으니 이를 바탕으로 스스로 할 수 있는 습관을 꼭 잡아주길 바란다.

• 듣기교재 2) I Can Listening to English!(Happy House)

- 3, 4학년의 듣기교재는 단순한 듣기교재로만 구성되어서는 안 된다. 이를 뒷받침하기 위해 수준별로(1~3단계) 구성된 이 교재는 Listening, Reading, Writing, Speaking 실력까지 향상하도록 해 놓았다.

- 리스닝을 쉽고 재미있게 시작할 수 있도록 챈트로 구성해 놓아 아이들이 리듬을 타고 쉽게 말하기를 시작할 수 있도록 해 놓았다. 또한, 주요 파닉스 분야는 재미있는 스토리로 구성하여 더욱 튼튼한 리스닝 기초를 다지는 교재로 손색이 없다.

• 듣기교재 3) Listen Up(e-future)

- 이 교재는 일상생활에서 사용되는 유용한 내용으로 구성된 게 특징
  이다. 그러다 보니 아이들이 각 단원을 공부하면서 낯설어하지 않는
  다. 재미있고 흥미로운 삽화는 물론 간결하고 명확한 구성으로 엄마
  의 도움을 받거나 혹은 스스로 할 수 있기에 학습량이 그다지 많지
  않다.

- 듣기는 들은 것을 오래 기억하고 있어야 한다. 이러한 학습 내용의
  장기 기억을 위해 복습 단원을 강화해 놓았다. 아이들의 흥미를 높
  이는 개별화 활동은 물론 각 단원을 확인 학습할 수 있는 온라인을
  제공해 놓았으니 적극적으로 활용해주길 바란다.

2-3

말하기 연습(Speaking Practice)으로
자신감을 더욱 업(Up)시켜라!

말하기는 듣기가 수반되어야만 실천할 수 있다. 즉, 들을 수 있어야 말할 수 있다는 것이다. 그렇다면 영어를 원활히 듣고 말하는데 필요한 영어 노출 시간은 얼마일까? 모국어 습득을 기초로 설명해 보고자 한다.

하버드 대학의 로저 브라운(Roger Brown) 박사의 〈어린이 모국어 습득에 관한 연구〉를 보면 아이들은 세상에 태어나는 순간부터 언어를 습득하기 시작해 만 4세가 되면 모국어가 거의 완성된다고 한다. 만약 아이가 만 4년 동안 하루 평균 8시간씩 끊임없이 언어로 상호작용을 했다는 노출 시간을 다음과 같이 계산할 수 있다.

하루 8시간×365일×4=11,680시간

이 시간이 모국어를 익히는 데 충분한 시간이라고는 말할 수 없지만, 기본적으로 필요한 시간이라고는 말할 수 있다. 주의할 점은 이 시간은 읽기, 쓰기를 제외한 듣고 말하는데 필요한 시간이다. 만약 노출 시간을 하루 4시간으로 계산한다면 8년이라는 시간이 필요하다. 그렇다면 하루 2시간으로 계산한다면 16년, 1시간으로 계산한다면 32년, 30분씩은 64

118 마법의 초등영어 매뉴얼

년, 하루 15분이면 128년! 이런 세상에! 하지만 모국어를 겨우 하루에 15분 정도밖에 노출해주는 아이는 없을 것이다.

이렇게 모국어 습득시간을 말하는 이유는 이를 영어습득을 위해 필요한 시간, 영어 말하기를 실천하며 모국어처럼 나올 수 있는 환경적 뒷받침을 말하고 싶어 그런다. 영어 공교육에서의 말하기 실천을 위한 영어 노출 시간은 10년(초3~고3)까지 고작 970여 시간이라 말한다. 그 중, 듣기와 말하기를 효과적으로 배울 수 있는 가장 중요한 시기인 초등학교 영어 노출 시간은 겨우 96시간에 불과하다. 현 공교육 제도 안에서 우리 아이들의 듣기와 말하기를 위한 노출 시간은 절대적으로 부족하다는 것이다.

말하기 연습은 나이를 들면 더더욱 실천하기 어려워지는 부분이다. 왜? 아이들이 점점 더 부끄러움을 알기 때문이다. 거침없이 들은 것을 무작정 따라 하는 나이는 이미 지났다. 그러다 보니 발음이 틀릴까, 혹은 자신이 말하고 있는 영어가 웃긴 소리로 들리지 않을까 봐 신경 쓰기 시작하다 보니 유독 말하기 연습에 있어 아이들이 자꾸 입을 닫아버리는 상황에 자주 접하게 된다.

아이들은 자신에게 중요한 사람한테 인정받고 싶어 한다. 선생님, 엄마, 친구들의 칭찬과 관심, 끊임없는 기대는 그 무엇보다도 소중한 동기부여가 된다. 그러니 아이들이 완전한 고학년이 되기 전에, 더욱 입을 닫

아버리기 전에 말하기 연습을 꼭 실천해 주길 바란다. 꾸준한 말하기 연습으로 자신의 입에서 영어 말하기가 자연스레 툭툭 던지듯 나오게 되면 아이들의 자신감은 쑥쑥 오르게 될 것이다.

• 말하기교재 1) Everyone Speak! BEGINNER(능률)

- 말하기교재는 우선 절대 어려워서는 안 된다. 그리고 말하기 실천의 주제는 나의 일상생활과 가까워야 한다. 이 교재는 이런 면에서 일상에서 일어날 수 있는 다양한 상황을 소재로 다루고 있어 아이들이 말하기 연습을 쉽게 시작할 수 있다.

- 핵심 어휘, 표현, 대화를 학습하고 롤 플레이를 할 수 있는 일반 유닛 2개와 배운 내용을 복습하고 스토리텔링을 할 수 있는 리뷰 유닛 1개가 하나의 단위로 구성되어 있다. 또한, 어휘 게임, 표현 게임, 역할을 선택해서 녹음할 수 있는 롤 플레이(Role-play)와 스토리를 구성해서 녹음할 수 있는 스토리텔링 기능이 담긴 Multi-ROM 포함되어 있다.

– 친근한 캐릭터들이 등장하는 롤-플레이(Role-play)를 통해 45~75단어 길이의 의미 있는 대화를 학습하게 해주는 것과 동시에 자기만의 롤-플레이(Role-play)와 스토리를 완성하고 발표하도록 하여 창의적이고 능동적으로 학습하게 해준다.

• **말하기교재 2) After School Speaking**(Happy House)

– 시중에 나와 있는 교재들은 보통 1~3권 정도의 분량으로 모두가 훌륭한 교재들이다. 전문가들의 손에 의해 만들어진 교재들은 하나같이 흠잡을 데 없이 잘 구성되어 있다. 학습자들이 제시된 대로만 학습해 준다면 정말 좋은 효과를 볼 수 있을 정도로 말이다. 이 책은 다른 3권으로 구성된 교재들과는 달리 6권으로 구성되어 있으며 각권당 6단원으로 짧게 구성하여 자칫 긴 분량의 교재들이 지루해할

수 있음에 대한 염려를 최소한 줄이려 했다.

– 3개 단원이 연관된 의사소통 표현으로 구성하여 자연스러운 대화의
흐름을 익히고 3개 단원의 의사소통 표현이 어우러진 Review를 통
해 실용적인 확인 학습을 할 수 있다. 또한, 각 단원의 확인 학습이
가능한 워크북과 Word Test 부록을 제공하고 있으며, 오디오 스크
립트, MP3 파일, 번역본 등을 무료로 내려받을 수 있으니 이 부분
은 엄마가 적극적으로 활용하여 아이의 듣기 학습에 도움을 주도록
하자.

• 말하기교재 3) Easy Talking Trinity(e-future)

– 주제와 기능 중심의 말하기와 토론 수업이 가능하도록 구성되어 있
다. 유용한 회화 표현을 누적, 반복 연습할 수 있도록 했으며 동기
부여가 되는 재미있는 그림으로 아이들의 학습 욕구를 높여준다. 단
원 확인 학습을 위해 온라인을 제공하고 있다.

2-4

독해 연습(Reading Comprehension)으로
자신만의 영어 숲을 만들게 하라!

영어의 중급 단계라고 할 수 있는 3, 4학년은 지난 2년간 영어 학습을 꾸준히 실천하며 어느 정도 성과를 거두는 시기라고 할 수 있다. 하지만 공교육의 교과과정을 시작하며 영어를 시작한 아이들은 얘기가 좀 달라진다. 이 아이들은 사실 영어 독해를 시작하기에는 조금 역부족이다. 따라서 좀 더 많은 시간을 할애해 어휘 학습, 듣기, 말하기 연습에 더욱 박차를 가해야 할 것이다.

영어 학습 노출의 시간이 3년 이상의 아이들은 이미 어휘, 듣기, 말하기를 연습하며 간단한 스토리 북을 읽기 시작했을 것이다. 그러면서 자연스레 독해라는 부분을 진행했을 것이다. 이 시기는 나름 영어 학습의 핵심적인 시기로 잡아야 한다. Vocabulary에 대한 쪽지 시험과 독해시험 등이 몸에 익혀지고 생활화된다면 많은 아이가 이 시기에 단어와 독해 실력이 엄청나게 늘게 될 것이다.

RC(Reading Comprehension)의 기본은 Vocabulary이다. 따라서 RC와 반드시 함께 학습해 줘야 하는 게 바로 Vocabulary이다. 다음의 교재들은 대부분 각 유닛의 독해를 위해 필요한 Vocabulary를 제시하고 있다. 이 부분은 꼭 실천하고 넘어가야 한다. Vocabulary를 모르고서는 독해가 될 수가 없기 때문이다.

초등 3, 4학년의 단계는 읽기의 다양한 주제를 접하고 영어책의 내용을 정확하게 이해해 어휘력을 크게 늘려야 하는 단계이므로 책을 읽고 난 후 '받아쓰기(Dictation)' 활동을 통해 어휘력을 더욱 단단히 만들어 주어 앞으로도 계속되는 RC를 더욱 튼튼하게 만들어 주어야 GKS다.

RC는 무조건 이 부분만 독단적으로 실천할 수 없다. 특히 Vocabulary 학습이 되지 않은 상태에서의 RC는 매우 힘들어지게 된다. Listening & Speaking 학습이 함께 어우러지듯, RC는 Vocabulary 학습이 기초가 되어야 한다. 원활한 RC 연습은 단지 읽는 것만을 위한 연습이 아니라 리딩을 통해 아이의 몰입 즉, 즐거움을 통한 언어사용의 유용함이 첫 번째이다. 그런 후, RC를 통해 아이들은 새로운 지식을 얻기에 도전하게 되며 리딩을 통해 다양한 콘텐츠의 내용을 익혀 다른 과목들까지도 연계학습이 가능하게 된다.

리딩은 단순한 읽기 연습이 아니다. 지식의 탑을 쌓기 시작하는 것이며 결국 다양한 리딩의 다독을 통해 아이들만의 English House를 지을 수 있다. 더욱 견고하고 튼튼한 나만의 English House를 짓기 위해 중급 단계인 3, 4학년은 아직 부족한 게 많다. 하지만 RC를 할 수 있다는 것은 'English House'를 지을 수 있는 자격이 주어진다는 것이다. 체계적인 영어 학습을 실천하며 얻어진 실력은 English House를 짓기 위한 단단한 초석이 되어 앞으로 얼마나 더욱 멋진 나만의 집을 지을 것인지 기대할 수 있을 것이다. 자, 그렇다면 지금 소개되는 리딩교재를 시작하며 RC 실력을 갖추도록 하자.

• **독해교재 1) I Meet Reading**(Happy House)

- 초등 3, 4학년의 아이들에게 리딩은 그 소재가 다양하게 주어져 읽기가 재미있어야 한다. 너무 심각한 내용의 것들이나 사실 위주의 글감들만 있다면 읽기가 부담스러울 수 있다. 이 교재는 아이들의 눈높이에 맞춰 우화, 일기, 편지, 에세이 등 다양한 형식의 지문이 수록되어 있다.

- 읽기의 내용전달로 끝나지 않고 이와 함께 듣기, 쓰기 등 다른 영역과의 통합형 Activity 활동을 제공하고 있다. 또한, 교육부 지정 초등 권장 단어 및 미국 초등학생들이 쓰는 단어와 표현 어휘들이 들어있어 아이들의 흥미를 유도할 수 있다.

• 독해교재 2) My Next Reading(e-future)

– 6권으로 구성된 이 교재는 학교 교과목과 연계된 주제로 구성된 스
토리들이다. 그림과 함께 제시된 다양한 단어 확인 활동과 읽기 유
창성 향상을 위한 문장 단위의 음원을 제공하고 있다. 리딩교재라
할지라도 아이들이 말하기 훈련까지 함께 진행할 수 있는 교재이다.

– 아이들이 시각적으로 흥미를 느낄 수 있도록 아름다운 그림과 실감
나는 사진을 수록해 놓았으며 Chant로 주요 문장들을 이해하고 말
하기 연습을 할 수 있도록 해 놓았다. 즉, 교재에서 학습한 단어와
문장을 재미있게 연습할 수 있도록 Speaking 활동지를 제공한다.

• 독해교재 3) Reading Train(e-future)

- 'Reading is a thinking process'라는 모토를 바탕으로 집필되었다는데 실제로 이 교재로 아이들을 지도하다 보면 캐릭터가 이끌어가는 재미있는 스토리와 만화 때문에 아이들이 꽤 좋아하는 것을 볼수 있다.

- 상상력을 자극하기에 충분한 생생한 그림 때문에 실제로 수업하기가 편리하다. 어휘의 체계적인 반복과 리딩 스킬을 단계적으로 강화할 수 있도록 구성된 것으로 보인다.

- 특히 그림 사전이 수록되어 있어 굳이 따로 단어를 설명해 줄 필요가 없다. 오디오 CD가 포함되어 있으니 듣기와 따라 말하기도 열심히 실천한다면 영어의 4대 영역인 읽기, 쓰기, 듣기, 말하기를 모두실천할 수 있는 교재이다.

• **독해교재 4)** Paired Fiction & Nonfiction(Happy House)

- 하나의 주제를 바탕으로 Fiction과 Nonfiction이 세트로 구성되어 있다. 같은 주제이지만 이같이 Fiction과 Nonfiction으로 구성된 교재는 현장에서 흔하게 볼 수 있는 게 아니다. 아이디어가 매우 좋은 책이다.

- 실생활에서 말을 할 때 쓸 수 있는 유용한 표현을 이야기 속에 반복 사용하고 있어 읽은 내용을 듣고, 읽고, 쓰고, 말하면서 다양한 문제 유형을 풀 수 있다. 즉, 이야기를 읽고 내용 이해에 그치는 것이 아니라 학습한 표현을 직접 말로 끌어내며 영어의 4대 필수 영역을 연습하게 한다. 단어와 문장, 이야기의 흐름을 복습할 수 있는 Workbook도 수록되어 있다.

• 독해교재 5) I Can Read English(Happy House)

– 리딩은 다양한 주제의 것으로 구성되어 있어야 한다고 이야기했다. 이 교재 또한 자연, 과학, 스포츠, 미술, 동물, 역사 등과 관련된 흥미로운 Fiction과 Nonfiction의 이야기들이 가득 들어있다.

– 이 교재가 다른 교재와의 차별점이 있는 것은 수준별로 단계적인 학습 능력을 올려주기 위해 권별로 단어 수를 조절해 놓았다. 그래서 한 권을 끝내고 그다음 것을 시작할 때 아이들이 '정말로 내가 읽기 능력이 향상되어 이렇게 어려운 것도 해낼 수 있구나'라는 자신감을 듬뿍 느끼게 한다.

– 단원마다 독해의 기본 능력인 Main Idea를 찾는 반복 학습은 물론 지문의 성격에 따라 다양한 Reading Skills를 습득하고 단원별로 주요한 표현을 학습할 수 있는 Key Expressions가 있으니 꼼꼼히 놓치지 말고 연습해 주길 바란다.

– 전문을 듣고 받아쓰는 Dictation 코너가 있다. 처음부터 모든 것을 다 받아 쓸 수는 없다. 2~3회 계속 반복해 들으며 채워 넣지 못한 부분의 Dictation을 완성해 나갈 수 있게 하자.

2-5

쓰기 연습(Writing Practice)으로
체계적인 영어 학습의 마침표를 찍게 하라!

3, 4학년의 아이들이 사실상 자유로운 작문(Writing)을 하기에는 아직 어려운 게 많다. 우선 맘껏 글솜씨를 발휘할 나이가 아니다. 쉽게 생각하면 우리 아이들이 한국어로 일기를 쓸 때의 글 실력을 가늠해 보면 쉬울 것이다.

기본적으로 우리가 글을 쓸 때 육하원칙[누가(Who), 언제(When), 어디서(Where), 어떻게(How), 무엇을(What), 왜(Why)]에 맞춰 글을 구성한다. 그러나 3, 4학년의 아이들이 이러한 원칙에 맞춰 디테일(Detail)하게 자신의 글을 구성하지 못한다. 글은 저절로 쓰이는 게 아니다. 아무리 간단한 일기형식이라 하더라도, 편지글이라 하더라도 연습이 되지 않는다면 매일 쓰던 대로 똑같이 글을 쓴다.

쓰기 연습은 특히 더욱더 체계적으로 연습 되어야 한다. 처음부터 장문의 글이 아닌, 처음부터 무조건 이해가 안 되는 글을 쓰게 해서는 안 된다. Vocabulary를 단지 Word로써 그 뜻만 익히지 말고 리딩을 통해 그 어휘가 어떻게 쓰였으며 문장 속에서 어떤 의미가 있는지 까지의 연습이 함께 되어야 글쓰기도 의미 있는 글을 쓸 수 있다.

강의장에서 이런 질문을 받은 적이 있다. 요즘 스마트폰으로 일본어, 영어 등 외국어를 말하고 싶을 때, 자동번역기의 도움을 받기도 하고 구글에서는 심지어 영어지문을 한국어로 번역된 것을 읽을 수도 있고, 작문도 컴퓨터를 통해 도움을 충분히 받을 수가 있는 시대에 살고 있는데 꼭 영어 공부를 해야 할까 하는 질문이었다.

시대가 변하다 보니 충분히 받을 수 있는 질문이다. 21세기 사회는 초연결사회(Hyper-connected Society)이다. 초연결사회는 정보기술의 발달로 모든 사물이 거미줄처럼 인간과 연결된 사회를 말한다. 세계인들과 마치 같은 장소에 있는 것처럼 대화할 수 있고 함께 일하고 싶을 때는 언제든 대화가 가능하며 굳이 비행기를 타고 이 나라, 저 나라로 뛰어다닐 필요조차 없다. 즉, 효율적인 협업(Collaboration)이 가능한 시대인 것이다. 효율적인 협업을 위해서는 서로의 문화, 가치관에 대해 충분히 이해할 수 있어야 하고 하나의 장소에서 함께 살아가고 있음에 대한 공감 능력이 필요하다. 이와 더불어 자신의 논리를 바탕으로 상대방을 설득할 수 있는 언어 실력과 문장으로 표현하는 능력을 갖춰야 한다. 구글 번역 최고 담당자인 마이크 슈스터(Mike Schuster)는 '아무리 기계의 번역 기술이 좋아지더라도 번역기가 인간의 통·번역 활동을 완전히 대체할 수 없어 인류는 여전히 외국어를 학습해야 한다.'라고 말했다.

자, 그렇다면 한 가지 거꾸로 질문을 해보자. 전자계산기 혹은 수학 컴퓨터 프로그램이 발달한 지금 왜 우리는 수학교육을 계속 받는 걸까? 아무도 이런 기기가 발달해 있어도 수학교육이 필요 없다고 생각하지는 않는다. 오히려 수학교육은 사실 대학을 입학하고 난 후에는 영어만큼 지속적인 것이 되지 못한다. 하지만 수학을 어느 일정 기간 배우는 본질적인 이유는 연산을 잘하기 위해서가 아니라 논리적이고 비판적인 사고를 키우기 위해서이다. 그리고 요즘의 수학은 자신이 그 문제를 풀어나감에 있어 설득력 있게 어떻게 문제를 푸는지 글쓰기가 함께 병행된다. 그래서 국어를 잘해야 수학도 잘하고 영어도 잘한다는 말이 나오는 것이다. 이 모든 것들은 결국 자신의 의견과 어떤 사실을 논리적으로 표현하는 글쓰기로 통합되고 있다. 그리고 이런 글쓰기는 꾸준한 연습이 없이는 불가능하다. 따라서 다음에 소개되는 '쓰기 능력 향상'을 위한 교재는 특히 3, 4학년의 시기에 시작해 다양한 글쓰기의 형식을 따라 쓰고 그 형태를 익숙하게 쓸 수 있도록 연습한 후, 5, 6학년의 시기에 자기 생각을 덧붙이고 에세이까지 쓸 수 있는 능력까지를 갖출 수 있게 하자.

• 쓰기교재 1) Very Easy Writing 1-3(Compass)

– 타이틀(Title)답게 정말로 쉬운 글쓰기(Writing)교재이다. 글쓰기(Writing)를 처음 시작하는 아이들이라면 다양한 형태의 활동(Activity)과 캐릭터(Character)를 통해 재미있게 쓰기(Writing)를 연습할 수 있다. 우선 Letter / Word를 익히고 구문을 익힌 후 문장을 쓸 수 있도록 단계적으로 연습하며 점차 쓰기의 레벨을 조정할 수 있다.

• 쓰기교재 2) WRITE Right(능률)

– 이 교재는 위에 소개된 Very Easy Writing보다는 한 단계 위의 교재라 하겠다. 체계적인 단계별 Activity를 통해 문법 위주의 단일 문장 쓰기가 아닌 문단 쓰기를 훈련할 수 있도록 구성되었다. 다양한 단계별 연습을 통해 글을 구성하는 법을 익히고, 스스로 글을 완성하는 능력을 기르도록 돕는다.

– Writing 초급자를 위해 아이들의 흥미와 수준을 고려해 Model Text를 먼저 보여준다. 그런 후, 주제와 관련된 구문과 문장을 꼼꼼히 학습할 수 있게 하고 있다. 아이들은 Text Book에서 보여주는 Guided Writing을 연습한 후, Workbook에서 스스로 쓸 수 있는

Independent Writing을 하여 쓰기 능력을 점차 키우게 한다.

• 쓰기교재 3) New I Can WRITE English! 1-3(Happy House)

- 1권은 Journal, 2권은 Diary, 3권은 Letter로 구성된 라이팅교재
  이다. 흥미로운 주제와 여러 가지 형태의 글쓰기는 아이들의 체계
  적인 라이팅을 연습하게 한다. 또한, Listening Practice를 할 수
  있도록 오디오 CD 제공하고 있다. 영어 유치부 3년 차 아이들 졸업
  후 이 책을 많이 사용한다. 내가 운영하는 곳(평촌 츄츄트레인 어학원)에서
  는 영어 유치부 친구들에게도 이 책 3권을 수업한 결과 Writing 실
  력이 몰라보게 향상된 것을 알 수 있었다.

- Picture Dictionary를 수록해 놓아 아이들이 꼭 알아야 할 단어를
  그림으로 쉽게 이해하도록 구성해 놓았다. 또한, 라이팅 스킬을 향
  상하기 위해 패턴을 정리한 Pattern Practice가 수록되어 있어 이
  것만 제대로 집중적으로 연습해도 라이팅 스킬을 향상할 수 있다.
  스스로 확인 학습을 할 수 있는 Workbook도 포함되어 있다.

• **쓰기교재 4)** My First Writing(e-future)

– 흥미로운 가족 캐릭터를 통한 문장 쓰기 연습을 할 수 있는 교재로
초등학생 3, 4학년의 아이들에게 친숙한 쓰기 주제로 구성되어 있
다. 문장 구성 능력을 길러주는 다양한 액티비티와 시각화된 도표를
통한 체계적인 쓰기 과정을 적용해 놓았다. 재미있는 만화로 요약하
는 작문 연습과 다양한 글쓰기 프로젝트를 실천할 수 있다.

문법(Grammar) 학습으로
라이팅(Writing)의 뼈대를 더욱 단단히 만들라!

학부모 상담을 하다 보면 Grammar를 언제부터 시작하면 좋으냐는 질문을 많이 받는다. Grammar는 영어 학습경력과 나이에 따라 조금씩 다르다. 만약 영어를 미취학 때부터 시작해 2.5년 이상이 되는 아이라 하더라도 1, 2학년 때에는 아무리 문법을 가르쳐도 한계가 있다. 왜냐하면, 아무리 영어를 일찍 시작했다 하더라도 초등학생 1, 2학년의 이해력과 수용력은 3, 4학년의 상급생과는 다르기 때문이다.

문법을 체계적으로 공부하기 위해서는 적어도 초등 3.5학년 정도는 되어야 이해력 면이나 수용력 면에서 가장 안정적인 것을 볼 수 있다. 또한, 배경 지식도 갖추고 있어야 하므로 초등 3학년 이후가 적당하다 할 수 있다. 그러나 영어 유치부 졸업 후 스피킹이 조금 자유로운 아이라면 배경 지식이 많이 포함되지 않은 《Mega Flash》 같은 책으로 아이들의 문장 능력을 Up Grade 시켜주는 것은 좋은 Tip이라 할 수 있다. 보통 3.0학년부터 문법을 시작하지만 6개월 정도는 사실 아이들이 조금 혼란스러워하거나 잘 따라오지 못하기도 한다. 하지만 3.5 정도 되면 문법을 공부하는 데 있어 점점 더 안정적으로 되어가는 것을 볼 수 있다.

그렇다면 이제 막 영어를 시작한 3, 4학년은 어떠한가? 물론 1, 2학년의 아이들보다는 영어의 쓰임을 이해하는 능력이 더 낮겠지만 우선 어휘 실력을 갖추고 RC 연습은 최소한 6개월 이상을 한 아이들이라면 아주 기초적인 문법교재부터 시작할 수 있다. 정말로 재미있는 건, 똑같이 영어를 시작해도 3학년과 4학년은 또 조금씩 받아들이는 수용 능력이 조금 다르다는 것이다. 듣기와 말하기는 3학년이 좀 더 우세한 결과를 본다. 하지만 RC, Grammar 등에서는 4학년이 좀 더 학습결과가 더 빨리 나오는 걸 볼 수 있다.

여기서 우리가 또 하나 짚고 넘어가야 할 것은 영어는 언어이기에 되도록 어릴 때 시작하고 공부하는 것이 영어를 온전히 그대로 받아들여 몸에 밸 수 있게 한다는 것이다. 3학년과 4학년이 똑같이 영어를 시작했다 하더라도 영어를 몸으로 체득해 실생활에서 당장 활용할 수 있는 듣기와 말하기는 3학년이 훨씬 더 좋은 결과를 가져온다. 하지만 이와 다르게 4학년은 듣기와 말하기보다는 오로지 공부로 승부를 걸 수 있는 RC와 Grammar에 좀 더 나은 반응을 볼 수 있다.

초등 1, 2학년에게는 현실적으로 문법 공부는 아직 시키지 말라고 한다. 아무리 영어를 2~3년 정도 배워 왔다고 하더라도 문법을 배우려는 시간에 차라리 듣기와 말하기 연습에 더 집중하라고 한다. 문법은 현실적으로 한국어 교육도 꾸준히 더 뒷받침되어야 용이한 학습이 된다. 따라서 각 학년이 가진 수용 능력을 고려하여 계획하고 실천하도록 하자.

• 문법교재 1) My First Grammar(e-future)

- 문법을 처음 접하는 아이들에게 최적화된 레슨으로 구성되어 있다. 왜냐하면, 3, 4학년에게 문법 자체를 굳이 어렵게 설명할 필요는 전혀 없기 때문이다. 되도록 간결하게 명확히 문법을 제시해 주고 요점정리를 잘할 수 있도록 해주면 된다.

- 학습자 중심의 재미있는 학습활동으로 구성된 이 교재는 Progress Test를 포함하고 있다. 자료도 꼼꼼히 잘 활용하고 온라인 학습 사이트도 있으니 어려운 부분이 있다면 적절히 온라인 학습도 활용하도록 하자.

• 문법교재 2) Aha Grammar(Happy House)

– 초등 저학년의 아이들이 문법을 잘 이해하고 따라올 수 있도록 가장
기본적이고 핵심적인 문법 사항을 수록해 놓았다. 알기 쉽게 정리된
문법 도표와 명료한 예시는 아이들이 문법에 대한 요점정리를 스스
로 잘할 수 있도록 도움을 준다.

– 다양한 연습문제를 수록해 놓아 아이가 처음 접하는 내용에 대한 이
해를 쉽게 해 놓았다. 또한, 다양한 장르의 지문을 수록하여 Read-
ing과 더불어 Writing까지 연계해 놓아 문법을 완전히 익힐 수 있
는 다양한 장치를 만들어 놓은 교재이다. 한글로 문법을 요점정리
해 놓은 워크북이 있으니 스스로 확인 학습할 수 있도록 도와주길
바란다.

• **문법교재 3) Grammar SPACE Kids**(능률)

– 플래시 카드 형태의 Grammar Card로 문법 항목을 소개하여 반복연습이 가능하도록 했다. 매 3개 유닛마다 배운 Grammar 항목을 이용해 Writing Message를 완성하고 따라 하기 쉽고 단계적인 연습문제를 통해 문법 규칙을 정확히 익히고 쓸 수 있도록 구성되었다.

– 재미있는 그림들은 문법의 사용 맥락을 제시해 주고 있어 학습자가 이해하기 쉽다. 그리고 리뷰 유닛의 테스트가 있으니 배운 것을 복습하고 자신의 실력을 스스로 평가해 보도록 한다.

• **문법교재 4) English Practice Papers**(Scholastic)

– 이 책은 90년 역사의 미국 대표 출판사 Scholastic이 전문 교수법을 통해 완성한 수준 높은 워크북 형태의 Grammar Book이다. 체계적인 테스트를 통해 학습자의 성장 과정을 평가하고 강점과 약

점을 확인할 수 있어 학습 계획을 수립하고 동기를 부여하게 한다. Reading을 하고 틀린 문장을 Editing 하는 Skills, 그리고 Vocabulary와 Grammar까지 다루고 있어 다양한 영역을 종합적으로 학습할 수 있다. 총 6권으로 구성된 이 교재는 영어 학습을 새로 시작한 아이부터 중급 이상의 실력에 이른 아이까지 체계적으로 학습할 수 있어 자신의 실력을 탄탄하게 만들 수 있을 것이다.

• **문법교재 5) Scholastic Success with Grammar**(Scholastic)

- 이 책도 역시 초등학생들이 쉽게 접근할 수 있는 워크북 형태로 빠르고 쉽게 배우고 정리할 수 있는 교재이다. 아이들이 영어를 읽고 쓸 때, 꼭 필요한 Grammar Skill을 쉬운 지시문과 재미있는 연습문제로 익힐 수 있도록 구성되어 있다. 영어 유치부 2년 차 이상의 아이들은 이 책을 재미있게 습득할 수 있다.

- 64페이지 분량이 조금은 버거울 수 있지만 아이 혼자서도 흥미롭게 Grammar Skill을 연습하고 강화할 수 있도록 창의적인 문제를 수

록해 놓아 페이지 수가 많다 하더라도 재미있게 실천할 수 있을 것이다. 이 교재는 미국 표준 시험을 실제로 연습할 수 있는 Assess-ment Sheet도 포함되어 있으니 유용하게 활용해 보도록 하자.

3
초등 5, 6학년 학습법,
지적 자극(배경 지식을 넓히는) 영어 학습이 되어야 한다

영어는 꼭 해야 한다는 인식이 전국을 지배하고 있는 요즘, 초등 고학년임에도 불구하고 아직도 영어 공부에 시간을 투자하지 않는 아이들이 있을까? 놀랍게도 있다! 놀라운 것은 똑같이 영어를 공교육에서도 배우고 있지만, 공교육의 영어 교육에 기대지 않고 이미 입학 전부터 영어 교육을 시작하거나 만약 그렇지 못했다면 적어도 초등 저학년이 되면 영어 학습을 따로 시작한다. 하지만 이런 인식이 지역적인 차이가 있다는 것이다.

서울을 중심으로 경기도 및 그 주변 도시에 사는 아이들과 여러 가지로 낙후된 지역 아이들의 교육 수준은 사실 많이 차이가 난다. 한 예로 초등 6학년이 되었음에도 알파벳조차 모르는 아이도 많다는 것이다. "에이, 설마!"라고 묻겠지만 사실이다. 그렇다면 6학년인 아이가 알파벳조차 모른다면 도대체 학교에선 뭘 했냐고 묻는 학부모도 있다.

자, 냉정하게 생각해 보자. 어느 학교 6학년 반에서 영어 교과 시간을 진행 중인데, 학급 아이 중 알파벳도 모르는 아이가 있지만, 6학년의 공교육 수준에 딱 맞는 실력을 갖추고 있는 아이도 있을 것이고, 어릴 적부터 그 누구보다 착실히 영어 학습을 꾸준히 실천한 터라 월등한 실력을 갖추고 있는 아이도 있을 것이다. 그렇다면 어떤 아이들에게 초점을 맞춰 수업을 진행할까? 교사는 우선 교과과정의 수준에 맞춰 수업을 진행할 것이다. 알파벳조차 모르는 아이들을 끌고 갈 시간적 여유도 사실 없다. 그러다 보면 이런 아이들은 보살피기 싫어서가 아니라 그냥 따라와

주길 바라는 마음으로 교사의 역할을 다 할 것이다. 우리는 결코 학교 선생님을 탓할 수 없다. 이런 아이는 자칫 영포자(영어포기 학습자)가 될 확률이 높을 것이다. 지방에 내려가면 중학생임에도 불구하고 도저히 학과목을 따라 올해 수 없는 수준의 아이들이 많다고 한다. 물론 몇몇이 그럴 것이다.

이렇게 지역적인 차이가 있음은 이미 체감하고 있지만, 지역적인 차이 뿐만은 아니다. 2014년 미국 《워싱턴 포스트(The Washington Post)》에 부모의 재력과 학력이 아이들의 학력에 미치는 영향에 관한 기사가 난 적이 있었다. 기사에 따르면 부모의 재력과 학력이 높은 아이들이 미국 대학 수능 시험인 SAT(Scholastic Aptitude Test)에서 상당히 높은 점수를 받았다. 이런 건 비단 미국뿐만이 아니다. 2016년 한국일보에서는 "부모 소득, 학력 높을수록 정시로 대학 많이 간다"라는 기사를 내놓았다. "가구 소득과 부모 학력이 높은 학생일수록 정시로 대학에 진학한 비율이 높은 것으로 나타났다. 정시 합격에 큰 영향을 미치는 수능 성적이 사교육비에 좌우되기 때문이다.(2016년 8월 15일, 한국일보)" 부모의 학력 수준도 정시 진학률에 영향을 미치기도 한다. 부모 학력이 고졸 이하인 집단에서는 48.4%가, 전문대졸 이상 집단에서는 56.8%가 정시 일반전형으로 대학에 합격했다.[출처: 〈대학입학 전형 선발 결정요인 분석〉(고려대 이기혜, 최윤선)] 이는 한국교육개발원의 한국교육 종단 연구데이터를 이용해 2011학년도 대학 입학생과 2012학년도 대학에 입학한 학생 총 2,103명의 표본을 분석해 도출한 결과라고 한다.

사교육 여부에 따라 달라지는 수능 성적! 더 이상 개천에서 용 나는 시대가 아님을 증명해주는 듯하다. 물론 이런 것에 개의치 않고 열심히 노력하여 자신이 목표로 삼은 것들을 꼭 이루어내는 아이도 봤다. 이렇게 성공하는 사람은 조금 늦다 하더라도 늦은 만큼 철저한 계획 속에서 정말로 열심히 노력하고 게을리하지 않았다는 것이다.

초등 5, 6학년이 영어를 이제 시작한다? 정말 늦은 경우이다. 현장에서 교육을 직접 하는 나로서는 도저히 상상할 수 없는 일이다. 하지만 어쩌겠는가? 나름의 개인적인 이유가 있었을 것이라 짐작한다. 자, 그렇다면 이제부터 무엇을 먼저 시작해야 그동안 따라잡지 못했던 것들을 다 따라잡을 수 있을지, 또래의 친구들과 어깨를 나란히 할 만큼이 되려면 무엇부터 시작해야 하는지, 그리고 영어 학습을 꾸준히 해 온 아이들이라면 중등과정을 준비하기 위해 무엇을 더 준비해 놓아야 하는지에 대해 알아보도록 하자.

3-1

Voca 천재라고 최면을 걸게 하라

단어를 철저히 외워라. 학원에 보내거나 집에서 엄마표를 할지라도 단어와의 전쟁은 계속되어야 한다. 연세대 김동길 교수는 청소년은 중고등학교에서 힘든 걸 거쳐내야 비로소 제대로 된 청년이 되지 않겠느냐고 했다. 당연하다. 어려운 걸 피해 가려는 청소년들이여! 단어를 외워야 한다.

영어를 온전히 언어로 받아들이는 시기는 조금 늦은 5, 6학년의 아이들! 늦은 영어지만 이를 극복하기 위해서 제일 첫 번째로 해야 할 것은 바로 Voca 학습이다. 물론 영어를 적어도 읽고 쓸 줄은 알아야 적용되는 이야기이다. 만약 알파벳도 모르는 상황이라면 우선 그것부터 떼고 읽을 수 있을 때 나를 따라오라 말하고 싶다.

Voca 학습은 고학년 학생에게 모든 영어 학습의 기본이다. 어휘를 알아야 듣기도 할 수 있으며 들을 수 있는 것도 어휘를 알아야 들을 수 있다. 듣기가 가능하다면 따라 말하기를 하며 Speaking을 연습할 수 있다. 또한, 영어 독해를 하더라도 설령 독해를 체계적으로 하지 못한다고 하더라도 문맥 안에서 어휘를 캐치(Catch)해 그 뜻이 무엇인지 안다면 대충 짐작을 해서라도 50%는 알고 넘어갈 수 있다. 물론 Writing(작문)은 불가하다. 왜냐하면, 라이팅은 기본적인 Grammar가 완성되어 있어야 하기 때문이다. 간단한 작문을 하거나 짧은 일기를 쓰려면 적어도

Grammar text book 1, 2, 3권 중 1권은 충분히 이해하고 마쳤어야한다.

그러니, 초등 고학년 영어 초보자는 우선 Voca부터 최대한 많이 외워 다른 학습을 준비하도록 한다. 또한, 이미 영어 학습 3년 이상 꾸준히 해오고 있는 아이들이라 하더라도 Voca는 수능시험을 치르기 전까지도 계속되어야 하므로 게을러지지 않도록 한다.

• **Voca 1) Power Voca 초급**(Happy House)

– 초등 고학년의 왕초보라면 우선 이 교재부터 시작해 두 권을 달달 외우도록 하라. 이 교재는 교과부 선정 초등 필수 영어단어 720개를 수록해 놓아 초등학교 교과과정의 필수어휘는 완벽히 마스터할 수 있다. 24일 동안 계획을 잡아 꾸준히 학습할 수 있으니 마음만 독하게 먹는다면 두 달이면 끝날 수 있다.

– 단어의 충실한 설명 및 유용한 구와 문장을 통해 응용학습도 가능하다. 이것까지 함께 실천하며 문장 자체를 모두 외운다면 최상의 효

과를 누릴 수 있지만, 처음이라 버겁다면 적어도 이 두 권의 어휘와
뜻을 완벽히 외우도록 한다.

– 영어를 꾸준히 학습해 온 아이라면 이런 아이들은 영영 풀이 학습에
  도전해보자. 영어는 영어로 이해해야 사실 완벽하게 그 쓰임을 알게
  된다. 영영 학습으로 어휘 학습의 증진은 물론 중학교 시험에 더욱
  철저히 대비하는 학습이 될 수 있다.

• Voca 2) 그 밖의 초보자를 위한 Voca

| 넥서스 | 사람 in | 이지스에듀 | 랭컴2 Power |

전형적인 초등 5, 6학년의 수준에 맞춰 준비된 교재들이다. 만약 이
교재들을 펼쳤을 때 완전 패닉이 될 정도로 아무것도 모르는 수준이라면
차라리 덮어라. 더 어린 동생들이 보는 교재를 완벽히 학습하게 한 후,
자신의 학년을 준비하게 하라! 늦었다고 생각할 때가 가장 빠르다는 말
이 있다. 더 있다가 '아이고, 내가 늦어도 너무 늦었구나!'라는 것을 깨닫
는 것보다 지금이라도 제대로 아이가 자신의 실력을 알고, 엄마도 얼마

나 내 아이가 또래보다 많이 늦었는지 알아 빨리 준비할 수 있음에 감사하자.

• **Voca 3) 중급**(Happy House)

- 이 교재는 영어 학습을 3년 이상해 온 초등 고학년 학생에게 추천한다. 왜냐하면, 이 교재는 초급과는 사뭇 수준이 있다. 교과부 선정 중등 필수 영어단어를 숙어와 실용회화 표현으로 익히며 실용적인 어휘를 학습할 수 있는 교재이다.

- 이 교재 역시 24일 동안의 계획표를 구성해 체계적으로 어휘를 학습할 수 있게 하는 교과부 선정 중등 기본 및 필수 영어단어다. 단어의 충실한 설명 및 유용한 숙어와 실용회화 문장을 응용학습으로 실천할 수 있다. 또한, 유사어, 반의어 및 다양한 파생어를 통한 단어의 확장학습도 가능하다.

- Exercise, Workbook, Daily Test 등을 통해 어휘를 반복 학습할

수 있으며 원어민 발음으로 들을 수 있는 청취학습 및 다양한 Test 자료를 내려받을 수 있다.

• Voca 4) Voca Note(A*list)

– 이 교재 또한 영어 학습 3.5 이상의 아이들이 학습할 수 있는 어휘이다. 이 교재는 교육부 권장 어휘 및 중등 핵심 어휘를 하루 20개씩 마스터할 수 있다. 어휘 정보와 다양한 이야기로 학습의 폭을 넓힐 수 있는 VOCA PLUS 파트가 있고 5일 단위로 매일 자신이 학습한 것을 확인하고 계속 누적되는 실력을 실전 테스트를 통해 반복하며 단어를 암기하게 한다.

– 이 교재는 최신 학교 시험 유형을 적용한 실전 테스트로 중학 내신도 완벽하게 대비할 수 있다. 무료로 내려받을 수 있는 '보고 듣는' 앱 단어장으로 언제 어디서나 단어학습이 가능하다. 요즘 스마트폰이 필수인 아이들이 그야말로 스마트폰을 학습용으로 활용할 좋은 기회이기도 하다.

• Voca 5) VOCA 탄탄(Happy House)

- 30개 레슨 구성의 체계적인 어휘 학습(1, 2권: 450개 단어 / 3, 4권: 600개 단어)으로 어휘 학습을 꾸준히 3년 이상한 아이들, 거의 중등과정까지 와 있는 아이들이 볼 수 있는 교재이다. 한자어나 어려운 단어를 최대한 배제하여 중학생이 이해하기 쉽게 설명해 놓았다. 또한, 단어의 의미와 용법을 더욱 정확히 익힐 수 있도록 풍부한 예문을 수록해 놓은 것도 맘에 든다.

- 3단계의 테스트(Daily Test → Review → 누적 테스트)를 통한 체계적인 반복 학습이 가능하며 Answers, Daily Test 등을 위해 MP3 파일을 무료로 다운로드가 가능하니 적극적으로 활용하자.

3-2

듣기 연습(Listening Practice)으로
중등, 고등과정의 듣기평가를 수월하게 만들라

초등 고학년의 학습은 중등과정을 생각하지 않을 수 없다. 중학교에 가면 물론 1학년 때에는 중간, 기말고사가 없어 학습이 자칫 느슨해질 수 있다. 하지만 그렇다고 해서 영어 학습을 게을리해서는 안 된다. 특히 듣기는 시험을 대비할 때만 듣는다고 해결되는 게 아니다. 누가 뭐라고 해도 아이에게 영어를 듣는 환경을 최대한 만들어 줘야 하는데 그 시기가 초등 5, 6학년 때가 거의 마지막이라 생각해도 지나치지 않다.

중학교에 입학하게 되면 사실 다른 과목들도 게을리할 수가 없다. 따라서 영어에만 많은 시간을 투자할 수가 없게 된다. 특히 듣기는 더욱 그러하다. 만약 학원에 보내게 되더라도 따로 듣기를 연습시키는 학원은 그리 많지 않다. 주로 RC와 독해 위주의 수업이 진행된다.

그러므로 초등 고학년까지는 이 시기가 마지막이 될지도 모른다는 생각으로 더욱 신경 써 듣기에 집중하도록 한다.

• **듣기교재 1) Listening Season(능률)**

- 듣기 훈련의 책으로 중등 교과과정에 나오는 필수 의사 소통의 책을 선정하려면 이 책을 선택한다. 학생들의 관심사와 상황이 반영된 토 픽 중심으로 구성, 실생활을 중심으로 Fiction / Nonfiction을 적 절히 배치했다. 또한 최신 중등 듣기평가 유형이 100% 반영된 문 제를 풀며 실전 시험 대비가 가능하도록 구성해 놓았다. 학습 전 배 울 단어와 표현 문장을 다양한 시각 자료와 학습하며 한 개의 Dia-logue를 다양한 문장을 통해 파악해 본다.

- 학습자의 흥미를 불러일으킬 수 있는 다양한 삽화와 풍부한 사진을 수 록해 놓았으며 QR 코드를 이용하여 CD 없이 편리하게 들을 수 있다.

- Listening을 중심으로 구성된 교재이지만 Speaking과 Writing 을 추가 구성해 듣기에만 그치지 않고 다른 학습까지도 가능하도 록 했다. 또한, Workbook을 통해 Unit 당 핵심 어휘 정리 및 본문 Dictation 등의 부가학습 자료가 풍부해 듣기 활동을 알차게 실천 할 수 있다.

• 듣기교재 2) Step by Step Listening(e-future)

  – 사실 이 책은 말하기교재나 다름없다. 들려야 말할 수 있기 때문이
    다. 듣기교재는 내용이 너무 많고 길면 매우 지루하게 느껴진다. 이
    교재는 그런 단점을 보완하기 위해 학습하기 쉽게 체계적으로 단원
    을 구성해 놓았다. 흥미를 끄는 다양한 주제는 물론 학습 난이도에
    적합한 다양한 듣기 활동이 수록되어 있다. 여느 듣기교재처럼 말하
    기, 쓰기의 통합적 영어 실력 향상을 위한 다양한 활동이 수록되어
    있다.

• 듣기교재 3) LISTENING PLANNER(능률)

  – 이 교재는 영어 학습 5년 정도의 아이들이 들으면 편안해 하는 정도
    의 수준을 가진 초고급교재이다. 개인적으로 좋아하는 듣기교재 중

의 하나인데 특히 올바른 Note Taking 훈련을 할 수 있는 교재 중의 하나라서 좋아한다. Note Taking을 할 수 있다는 것은 듣기와 쓰기가 매우 탄력적으로 함께 작용하고 있다는 말이다. 누구나 쉽게 할 수 있는 게 아니기에 이것 또한 꾸준한 연습을 통해 이루어져야 한다.

– 수준이 조금 있는 듣기교재들은 대부분 Listening을 바탕으로 자연스러운 통합 학습이 가능할 수 있도록 Speaking과 Writing을 함께 구성해 놓는다. 워낙 수준이 좀 있는 교재이다 보니 다양한 문제 유형을 통해, TOEFL, TOEIC까지의 시험에 대비할 수 있는 교재이다.

– 최신 교육과정의 주제와 소재를 적극적으로 반영하여 중등 및 고등까지의 선행학습이 가능하며, 학교 수업과의 연계를 통해 실력과 자신감을 키워준다. 강의, 토론, 프레젠테이션, 방송 등 다양한 유형의 듣기를 수록하여 현장감 있는 내용으로 구성되어 있다. 각 Unit의 핵심 어휘 정리 및 본문 내용의 Dictation 등을 할 수 있는 부가 학습 자료와 Workbook이 있다. 이 교재를 충분히 따라올 수 있다면 정~말 대단한 실력을 갖추고 있는 것이라 하겠다.

• 듣기교재 4) Listening Pro(Happy House)

- 듣기를 전략적으로 할 수 있도록 도와주는 리스닝 스킬과 발음에 대한 규칙 훈련, 상황에 맞는 대화와 유익한 정보 습득이 영어 듣기에 대한 흥미를 끌어 내 준다.

- 대화, 강의, 보도, 프리젠테이션, 광고 등 다양한 글감을 통한 듣기 학습은 들은 내용을 정리하고 확인할 수 있는 도표(Schematic Charts)를 제공하여 듣기 외에도 쓰기, 말하기를 연계시켜 통합 액티비티가 가능하도록 구성해 놓았다.

- 각 단원의 들은 내용을 마무리할 수 있는 도표와 유닛 테스트 및 리뷰 테스트와 주요 단어의 해설 및 구문을 통한 단어학습과 받아쓰기 연습이 포함된 워크북이 있다.

• 듣기교재 5) More Step by Step Listening(e-future)

– 초등 고학년에서 중등 저학년의 학습자를 위한 듣기 말하기의 통합
교재로 총 3단계로 이루어져 있다. 흥미를 끄는 다양한 주제로 학습
하기 쉽도록 체계적이고 간결하게 단원을 구성해 놓았다. 학습 난이
도에 적합한 다양한 듣기 활동이 있어 자신이 할 수 있는 범위를 선
택해 들을 수 있다. 이 교재 역시 듣기, 말하기, 쓰기의 연습을 통해
통합적으로 아이의 영어 실력을 향상시킬 수 있다.

3-3

말하기 연습(Speaking Practice)으로 세계무대를 꿈꾸게 하라

세계는 지금 하부르타 수업 열풍이다.

우리 영어 유치부 아이들은 선생님 놀이를 통해 자연스러운 발표를 시킨다.

손에 보드마커만 쥐여 주면 아이들은 신이 나게 떠들어댄다.

영어 말을 내 맘대로, 자유자재로 구사할 수 있다면 얼마나 좋을까? 영어 말하기 연습이 5년 이상 된 아이라면 충분히 가능하다. 간단한 영어 회화는 물론이고 영어 토론을 위해 쓰기와 Free Taking이 가능하다. 자, 그렇다면 앞으로 더 큰 무대에서 자기 생각을 거침없이 말할 수 있도록 무대를 만들어 주자.

이 정도면 영어 영재라는 소리를 들을 수도 있다. 초등 1, 2학년 때에는 영어 말하기의 기초를 다지고 3, 4학년 때에는 영어의 자신감을 한껏 올리고 5, 6학년이 되어서는 듣기, 말하기, 읽기, 쓰기까지 전반적인 부분에서 별 어려움이 없어 '영어 영재' 소리를 들으며 '영어 영재'끼리 경쟁할 수 있기까지 할 것이다.

초등 5, 6학년의 Speaking 연습은 반드시 그 밑받침이 어느 정도 다져져 있어야 가능하다. 듣기도 충분히 익숙해져 있고 들은 것을 따라 말하는 것에도 자연스러움이 묻어져 나와야 한다. 그래야 본격적인 말하기 연습도 잘 따라올 수가 있다. 여기 소개되는 말하기교재는 초보자라면 하기 힘든 교재들이다. 누누이 말하지만, 초등 5, 6학년 초보자라면 동생들에게 제안된 교재들을 우선 연습하는 걸 권장한다. 단, 매우 열심히 해야 함을 잊지 말자.

• **말하기교재 1)** Everyone Speak! (Build & Grow)

- 초등 5, 6학년의 고급 단계답게 Conversation Skill과 Presentation Skill을 동시에 익힐 수 있도록 구성되어 있다. 따라서 이 교재를 꾸준히, 충분히 연습한다면 소위 영어 좀 한다는 아이들은 그들의 의사 표현 능력과 발표력이 향상될 수밖에 없다.

- Conversation Skill을 위해 과제 중심의 활동으로 구성되어 있지만, 아이들의 학습 부담은 줄이되 적극적으로 참여를 할 수 있도록 구성하고자 애쓴 흔적들이 곳곳에 숨어 있다. Presentation Skill을 위해서는 Speech의 형태를 쉽게 제시해 주어 아이들이 자기 생

각과 의견을 정리, 발표할 수 있도록 구성해 주었다.

- Speaking 시험에 자주 출제되는 유형 및 주제를 뽑아 Speaking 시험에 대비할 수 있도록 한 것은 물론 Multi-ROM을 제공해 학습 후 복습하도록 문제를 수록해 놓았는데 그 형태가 Speaking Test 로 되어있어서 Self-study뿐만 아니라 시험 대비용으로도 활용할 수 있도록 해 놓았다.

• 말하기교재 2) SMART SPEAKING(Happy House)

- 빈도수가 높은 패턴 중심으로 구성해 놓은 스피킹교재이다. 학습 대 상의 눈높이에 맞춘 토픽과 회화 패턴을 제공해 주고 회화 패턴이 녹아든 Reading Article을 통해 스피킹을 강화해주고자 했다. 매 번 반복되는 스피킹 연습에 자칫 흥미를 잃을 수 있어 다양한 액티 비티를 제공하여, 재미있게 말하기 연습을 할 수 있게 해 놓았다. 그리고 배운 회화 표현들은 워크북을 통해 다시 점검하게 한다.

• 말하기교재 3) Speaking Pro 1~3(Happy House)

– 스피킹 시험에 자주 출제되는 유용한 패턴으로 익히는 스피킹교재
이다. 사실 이 교재는 수준이 매우 높다. 스피킹 시험을 준비하는
성인들도 초급용으로 볼 수 있는 교재이다. 따라서 이 교재는 영어
학습경력 5년 이상이 안 된 초·중급자라면 소화하기 힘들다. 그것
을 고려해 주길 바란다.

– 이 교재는 스피킹 스킬을 집중적으로 훈련하게 시키기 위해 재미있
는 토픽과 풍부한 사진 및 삽화로 영어에 대한 흥미를 유도하고 있
다. 또한, 워크북에 수록된 Listening Practice를 통해 영어를 이
해하고 듣기 능력을 향상하게 시킬 수 있는 다양한 tool이 있다.
Speaking Fun Cards와 같은 Activity Material을 활용하여 배
운 표현들을 게임으로 복습할 수 있어 말하기 연습을 좀 더 쉽게 해
놓았다.

풍부한 리딩으로 지식 쌓기에 집중하라!

세계적인 외국어 습득 연구의 권위자 스티브 크라센(Stephen Krashen) 미국 서던 캘리포니아대(University of Southern California) 석좌교수는 "영어로 된 책을 많이 읽을수록 영어단어와 토익, 토플 점수도 높게 나온다."라고 했다.

이 교수의 저서 《읽기 혁명(The power of Reading, 2004)》의 책을 토대로 우리 원에 다니는 아이들은 '도전 1,000권 다이어리'를 실시하고 있다.

이 시기의 리딩은 사실 다양한 콘텐츠를 읽어도 이해력, 즉 배경지식이 뒷받침되어야 하는 시기이다. 초등 3, 4학년의 경우에는 아무리 좋은 글감을 리딩(Reading)해도 5, 6학년의 지적 능력 혹은 더 많은 주변의 경험으로 얻어진 이해력이 뒷받침되지는 못한다. 3, 4학년의 경우에는 독해(Reading Comprehension)의 능력을 증진하기 위한 것도 중요하지만 재미있는 스토리 북(Story Book)을 함께하면 리딩의 시너지 효과를 볼 수 있다.

나는 파닉스를 마친 아이들에게 영어의 읽기 단계부터 최고의 Best Reading Book을 고르라면 당연히 너무나도 유명한 Bricks Reading 시리즈를 추천한다.

우리 원에서 10년 넘게 지도하고 있는 책이며, 이 교재는 일상적 관심사뿐만 아니라 초등 교과목과 관련된 내용까지 포함한 다양한 주제를 수록하고 있다.

Reading을 기반으로 Four Skills의 균형을 맞출 수 있도록 Speaking, Writing, Listening 활동 제공한다. 또한, 유치원을 졸업한 아이들의 배경 지식을 끌어내기 위한 읽기 전 학습으로 인문, 사회, 과학, 예술, 문화, 역사, 자연 등 다양한 장르의 Fiction과 Nonfiction 지문을 접할 수 있는 파닉스 기초부터 고급 단계까지 폭넓은 레벨을 가지고 있다.

브릭스 30부터 시작하는데 이 책의 수준은 짧고 쉬운 문장의 반복형식으로 아이들이 단어와 문장의 반복 학습을 통해 읽기 독립에 최고의 책이 될 것이다.

초등 고학년도 다양한 글감의 스토리 북(Story Book)과 챕터 북(Chapter Book)을 함께해 주면 아이들의 독해 실력에 매우 큰 영향을 미칠 수 있다. 하지만 스토리 북이나 챕터 북은 읽은 후의 활동이 사실 어렵다. 그래서 정확한 독해 활동을 위해서는 다음과 같은 교재를 활용해 독해 실력을 늘리고 중등과정, 그리고 그 후의 과정까지도 준비하는 시간을 갖는다고 생각하면 좋을 것이다.

• **독해교재 1) Reading Sense**(능률)

– 초등학생이 관심을 가질 만한 소재를 중심으로 재미와 흥미를 유발

하는 내용으로 구성되어 있다. 하나의 Section 당 4개의 Unit이 공통된 Topic으로 묶여 테마별 학습이 가능하며, 각 Unit이 Fiction과 Nonfiction으로 구성되어 재미와 정보를 동시에 얻을 수 있다.

- 지문마다 그림과 글을 매치하며 지문을 읽고 사고할 수 있도록 하여 리딩의 내용을 좀 더 쉽게 이해할 수 있게 했다. Reading 내용을 바탕으로 한 대화문 학습은 Listening, Speaking을 동시에 학습할 수 있어 통합 학습이 가능하도록 하였습니다.

• **독해교재 2) The Best Way**(능률)

- Nonfiction과 Fiction을 3:1로 구성하여, 정보 습득을 위한 Reading 학습을 강화한 교재이다. 아이들의 인지 수준과 지적 호기심을 채워주는 다양한 주제로 읽기를 실천할 수 있도록 하고 이러한 본문 내용은 Multi-ROM을 통해 생생하게 들을 수 있다.

• **독해교재 3) Reading Source(능률)**

- 미국 교과과정과 연관된 Content Area Reading을 위한 교재로 권마다 주요한 5과목을 선정하여 구성하였다(1권-사회, 과학, 지리, 음악, 스포츠, 수학 / 2권-사회, 과학, 지리, 경제, 건강 / 3권-사회, 과학, 음악, 미술, 역사, 언어).

- 각 교과의 지식을 재미있는 내용과 풍부한 자료를 통해 학습하며 자연스러운 몰입 교육을 유도하고 있다. Nonfiction과 Fiction 을 3:1로 구성하여, 고학년으로 갈수록 중시되는 정보 습득을 위한 Reading을 고려하여 구성되었다.

- Comprehension 능력을 집중적으로 향상할 수 있도록 구성된 것 외에도 이 교재를 통해 Reading 내용을 바탕으로 Writing과 Speaking 활동을 연계하여 학습할 수 있는 교재이다

• 독해교재 4) READING PEOPLE(Happy House)

- 위인들의 다양한 이야기가 나오는 영어 리딩 북을 원한다면 바로 이 책이다. 각 단원에는 등장하는 인물이 누구인지 추측할 수 있도록 하는 워밍업 활동이 있어 아이들의 호기심을 자극하기에 글감의 내용이 매우 흥미롭다.

- 세계 역사에 큰 영향을 끼친 위인들의 일생과 업적의 연대기를 제공하고 흥미로운 사실을 알려주는 Short Biography 형태의 리딩은 여섯 단원마다 확인 학습이 가능한 Review Questions이 있어 그동안 읽을 것에 대한 기억을 되짚어 보게 한다. 각 단원의 확인 학습이 가능한 워크북이 있으니 이를 잘 활용하자.

• **독해교재 5) Reading Pro 1-3**(Happy House)

– Human, Nature, Art, History, Culture, Health, World 등 20여 개의 엄선된 주제를 읽기학습으로 연결해 놓았다. 각 Unit의 본문을 통해 16개의 필수 리딩 스킬을 체계적으로 학습할 수 있도록 구성되었으며 Pre-reading 코너를 통해 적극적으로 미리 학습할 수 있는 시간을 주기도 한다.

– Reading 연습 이외에도 지문을 활용한 Grammar, Vocabulary, Summary, Listening, Speaking의 연습까지 확장학습이 가능하며 본문의 지문들은 대화, 스토리, 설명문, 일기 등의 다양한 형식을 제공하고 있다. 오디오 CD를 통해 읽기 전, 후의 학습을 보충할 수 있으니 이런 CD는 꼭 활용해주길 바란다.

• 독해교재 6) Reading Explorer(Cengage Learning)

– 이 교재는 그 어떤 리딩교재를 통틀어 내가 가장 좋아하는 교재이
  다. 레벨이 좀 높은 초등 고학년의 아이들이 리딩이 좀 지겨워졌을
  무렵 이 책을 권하면 아이들의 집중력을 다시 업그레이드 올릴 수
  있는 책이다. 실제로 우리 원에서도 초등 고학년부터 활용하고 있는
  교재이며 리딩 5의 수준은 중등과정의 아이들도 맘껏 즐길 수 있는
  교재이다.

– 내셔널 지오그래픽의 생생한 이미지는 아이들의 눈을 뗄 수 없게 만
  든다. 거기에 더해진 텍스트, 그리고 풍부한 비디오 영상은 아이들
  의 리딩과 어휘 실력을 상승시켜준다.

– 문화, 자연과학, 사회 이슈, 인류, 여행, 모험을 포함한 다양한 현실
  세계의 주제를 한 챕터에 두 개의 연관된 내용으로 구성되어 있다.

새로워진 온라인 워크북은 수준별 맞춤 Activities를 통해 Vocabulary, Reading, and Writing의 실력을 보다 강화하고 탄탄하게 관리해 준다. 이 교재는 대를 물려 줄 만큼의 훌륭한 이미지를 갖고 있다. 내용 또한 늘 감탄하며 읽을 수밖에 없는 것들로 가득 차 있다. 리딩의 맨 마지막 단계에서라도 이 교재를 꼭 해주기를 강력히 추천한다.

3-5

풍부한 지식으로 작문(Writing)을 연습하게 하라

5, 6학년의 라이팅(Writing)에서는 충분한 리딩(Reading)으로 빚어진 아이의 지적 재산이 꼭 갖추어져 있어야 한다. 다양한 콘텐츠(Contents)의 리딩(Reading)은 리딩 스킬(Reading Skill)을 향상해주는 것뿐만 아니라 콘텐츠(Contents)를 통해 얻어지는 다양한 지식이 아이들의 지적 수준을 높여준다. 작문은 기계적으로 알고 있는 단어나 문장을 쓰거나 잘 정돈된 글감을 베껴 쓰는 게 아니다. 자연스럽게 일과를 기억하며 일기를 쓰거나, 드라마를 보며 줄거리를 말하듯 쓰는 등의 활동처럼 지적 재산을 바탕으로 빚어진 라이팅은 자기 생각을 자유롭게 글로 표현하는 것이다.

라이팅의 기본은 우선 어휘력과 문법이다. 어휘력은 듣기, 말하기, 독해를 위해 필요한 것이기도 하다. 한마디로 라이팅은 모든 능력을 갖추고 있어야 자유로워진다. 이렇게까지 영어가 자유로워지기 위해서 영어학습에 투자한 시간은 적어도 5년 이상은 되어야 한다. 5년은 되어야 영어의 꽃이라는 '작문'을 작문답게 할 수 있다.

아래 소개되는 다양한 라이팅교재는 아이의 취향에 따라 선별할 수 있다. 아이마다 영어 학습 노출의 시간에 따라 조금씩 다르겠지만 주어진 책을 모두 끝까지 완성하는 데에는 적잖은 시간이 걸릴 것이다. 하지만 코스(보통 1권~3권)를 모두 끝냈을 때의 성취감은 아이들의 자신감을 쑥쑥 키워 줄 것이다.

아이들에게 하나의 코스를 끝냈을 때 새로운 교재를 소개하기보다는 했던 교재를 다시 한번 활용하는 방법을 쓴다. 매번 새롭게 접하는 교재에 스트레스도 줄이고 기존에 한 번 했던 것들을 기억해 다시 한번 작문 연습을 했을 때의 글감이 훨씬 좋아지는 것을 볼 수 있다. 아이들 또한 자신이 쓴 글에 대해 지난번보다는 뭔가 더 나아진 모습에 훨씬 더 좋아하는 모습을 보이고 쓰기를 주저함 없이 하는 것이 훨씬 숙달된 모습으로 변하는 것을 볼 수 있다.

• 쓰기교재 1) WRITE Right(능률)

- Brainstorming(생각하기) - Outlining(초안 잡기) - Drafting(초안 잡은 것을 한 번 써보기) - Revising Editing(쓴 것을 수정하기)의 순서로 아이들의 Writing Process를 훈련한다. 단락의 영어문장 구조와 에세이 쓰기를 위한 학습이 제공되는데 이는 글의 종류와 성격에 따라

달라지는 글쓰기 형식을 훈련하기 위함이다.

– 주어진 문장을 변형하며 쓰는 연습을 하고 글쓰기 표본이 되는 Writing Model을 제시해 주어 이를 기초로 자신의 문장을 쓰도록 한다. 쓰기 주제에 부합되는 다양한 문장으로 다양한 학습을 가능케 한다.

– 워크북이 있는데 그곳에서는 자신이 초안을 잡았던 글을 다시 한번 쓰고, 또 한 번의 수정을 거쳐 완전한 라이팅을 완성하게 한다. 권마다 차별화된 내용과 형식을 도입하여 세 권 모두 심도 있는 연계학습이 가능하도록 구성해 놓았다.

• **쓰기교재 2) Writing Starter Second Edition 1-3**(Compass)

– 이 교재는 5, 6학년이라 해도 라이팅에 자신감이 많이 부족하거나 실력이 좀 부족하다고 생각하는 아이들에게 권장한다. 대다수 아이는 Writing이 어렵고 뭘 써야 할지 몰라 늘 공책 앞에서 머뭇거린

다. Writing Starter 1~3은 이처럼 막연한 두려움을 가지고 있는 학습자들이 Writing에 더욱 친숙함을 느끼게 하고자 고안된 과정 중심의(Process-oriented) 쓰기교재인 듯하다.

- 이 교재는 Reading 지문으로 각 유닛(Unit)을 시작한다. 그리고 Unit마다 핵심이 되는 Grammar를 익혀 글쓰기의 문법적 오류를 줄일 수 있다. Brainstorming으로 떠오르는 생각을 자유롭게 표현하게 한다. 주제에 대한 글을 완성하기 위해 Outline을 잡고 이를 바탕으로 전체적인 글의 구성을 한 눈에 파악하게 한다.

• **쓰기교재 3) My Next Writing**(e-future)

- 개별 단어가 아닌 의미 단위를 이해하도록 도와주는 유용한 어휘를 제시하고 있는 이 교재는 흥미로운 작문 주제로 긴 문장 쓰기와 문장 연결어의 효율적인 사용을 연습할 수 있다. 1권은 문장 쓰기, 2권은 문단 쓰기, 3권은 짧은 에세이 쓰기로 자기 생각을 정리하여 체계적인 글쓰기를 연습할 수 있다.

• 쓰기교재 4) SMART Writing(Happy House)

– Dairy, Letter, Book Report, Essay까지 총 4단계로 구성된 교
재이다. 각각의 글감마다 아이들에게 친숙한 주제와 실제 사용되는
유용한 표현들로 구성되어 있어 이를 바탕으로 주요한 표현을 익히
는 것은 물론 기본적인 문장 구성에서부터 문단 구성, 일기, 편지,
독후감, 에세이에 이르는 다양한 영작 법을 습득할 수 있다. 또한,
Writing과 함께 Grammar는 물론 Listening 실력까지 동시에 향
상하게 시킬 수 있다.

• 쓰기교재 5) My English Diary(e-future)

– 그림일기로 배우는 영어문장 쓰기이다. 이 교재는 영어 쓰기를 좀 더 편안한 마음으로 접근하기에 매우 유용한 교재일 것이다. 권별 48개의 다양한 소재가 있으므로 한국어로 일기를 쓰는 활동과 비교하며 각 문구를 연습하면 훨씬 더 재미있을 것이다.

– 이 교재는 단원별로 복습 문제가 있고 일기 쓰기를 할 때 유용하게 쓰이는 동사 중심의 연습문제가 수록되어 있다. 특히 동사는 라이팅을 할 때 많이 알면 알수록 더 훌륭한 표현이 나오니 되도록 이 교재에 나오는 것들은 모두 외우도록 한다. 이 교재를 통해 Reading과 Writing 실력 향상을 도모할 수 있다.

3-6

문법학습으로 독해와 작문 실력을 높여라!

5, 6학년이 꼭 해야 할 초등영어 학습을 살펴보면 아이들의 나이에 맞는 학습, 그리고 중등과정까지 연계학습이 가능해야 하기에 꼭 갖춰야 학습 능력을 하나하나 설명해 놓았다.

자, 여기서 내가 하고 싶은 이야기는 지금이라도 '아 뜨거워!'하며 내 아이의 영어 학습이 늦어진 것에 정신이 번쩍 든다면 오늘 당장에라도 앞서가고 있는 아이들을 따라가기 위해 부단히 노력해야 한다. 꼭 5, 6학년이라고 학습도 5, 6학년의 수준이 될 필요는 없다. 곱셈 문제를 푸는데 구구단을 모르고는 문제를 풀 수 없듯이, 그래서 동생과 함께 구구단을 외우듯이 학년이라는 것에 구애받지 말고 왕 초급이라는 레벨에 눈높이를 맞춰 영어 학습 시작해야 한다.

5, 6학년의 영어 학습은 아무리 늦게 했더라도 최소한 어휘 학습과 독해는 이루어지고 있어야 한다. 그래야 문법학습에 도전할 수 있다. 이미 영어를 모국어처럼 익히는 시기는 지나고 있으므로 학습 목표를 세우고 도전한다면 중등과정에서 오히려 더 큰 성과를 볼 수 있다. 영어를 늦게 시작했다면, 그리고 중등과정을 준비하는 나이라면 문법학습은 반드시 일찍 시작하라. 문법을 튼튼히 하면 Writing, RC 정도는 동시에 해결

할 수 있다. 무조건 듣기, 말하기도 해결해야 한다고 생각지 말고 오히려 앞으로 더 큰 비중을 차지하게 될 Voca, RC, Grammar를 더욱 튼튼히 하길 권장한다.

• **문법교재 1) Grammar SPACE BEGINNER(능률)**

- 문법학습의 초보자에게 적합한 교재이다. 간결하고 쉬운 문법으로 구성되어 있어 문법을 시작할 때 긴장감을 덜 느끼게 한다. 학습한 문법 사항을 통해 다양한 Writing Types(편지, 광고, 스토리, 뉴스 등)의 글을 완성하는 Writing 연계학습이 가능하다. 리뷰 테스트 및 온라인 문제 풀기 등의 풍부한 연습문제가 제시되어 있어 문법학습이지만 특별히 지루하게 느껴지는 학습이 아니다. 우선 1, 2권만 먼저 반복해 끝내보자. 3권은 중등과정을 시작할 때 해도 늦지 않다.

• 문법교재 2) Grammar SPACE(능률)

– 유닛마다 주요 Grammar point를 알려주어 아이가 지금 배우고
있는 게 무엇인지 자신의 학습 목표를 쉽고 명확하게 이해할 수 있
다. 다양한 유형의 문제를 통해 실제로 사용하고 있는 맥락 속에
Grammar를 적용할 수 있다.

– Key Grammar Points를 활용한 Writing을 통해 문장을 다시 한
번 써 보거나 틀린 문장을 수정하는 과정에서 아이의 Grammar
Skill을 향상하게 시킬 수 있다. 리뷰 테스트와 테스트 용지를 통해
학습한 내용을 평가, 강화할 수 있다. 중등과정의 내신 문제 유형을
이용한 Test Worksheet이 있어 중등학습의 연계가 가능하도록 구
성되어 있다.

• 문법교재 3) My Next Grammar(e-future)

- 학습자 중심의 재미있는 학습활동이 아이들에게 흥미를 준다. 워낙 문법이 쉽게 공부할 수 있는 것들이 아니어서 아이들에게 동기를 유발하는 것이 중요한데 이 교재는 재미와 흥미로 아이들에게 동기를 유발할 수 있는 교재이다.

- 간결하고 명확히 문법을 설명해주고 반복해 연습하는 과정을 통해 이전 학습 내용이 자동으로 복습 될 수 있게 한다. 퀴즈 형식의 워밍업은 아이들이 학습한 내용을 기억하도록 도와주어 아이들은 자신이 반복하는 줄도 모르게 문법학습을 반복할 수 있다.
- 온라인 학습 사이트와 함께 각종 Test 및 Worksheets의 다양한 부가자료를 제공하고 있으니 아이들은 이를 적극적으로 활용해야 한다.

• 문법교재 4) 완전 정복 초등 영문법(A*List)

- 친절한 개념 설명과 짧게 문법을 설명해주어 부담 없이 학습할 수 있게 해 놓았다. 그러다 보니 학습 진행이 쉽고 빨라 지루함이 덜 하다. 초등 개정 교육과정을 100% 반영한 필수 영문법과 800개의 영단어를 제공하므로 문법을 처음 시작하는 아이들에게는 오히려 위에 소개된 것들보다 훨씬 부담이 덜하다.

- 1,800개의 풍부한 반복(Drilling)문제와 기출문제 유형으로 실전 적용 능력을 키워주므로 이 교재만 완벽히 끝내도 중학교 1학년 과정쯤은 쉽게 마칠 수 있게 된다.

• 문법교재 5) 그 외의 문법교재

길벗   이지스에듀   이지스에듀

　전체적인 문법 설명이 1~3권 정도까지 세밀히 설명된 무거운 교재들
보다는 오히려 초등 아이들의 눈높이에 맞춰 쓰인 위의 교재들을 사용하
는 게 더 나을 수도 있다. 책의 내용도 그리 무거울 정도의 난이도가 아
니고 삽화 등 아이들이 좋아할 만한 수준의 것들로 구성되어 있으므로
아이들의 학습을 함께 봐줄 엄마에게도 쉽게 다가오는 교재들이다.

제 3 장

초등생에서 중등 저학년까지,
꼭 실천해야 하는 영어책 읽기!

1

영어책 읽기,
내 아이는 얼마만큼 실천하고 있는가?

   내 아이의 일과를 한번 잘 살펴보자. 아이의 일과 중 책 읽기에 집중하고 있는 시간은 과연 몇 시간이나 될까, 아니 책 읽는 날이 일주일에 며칠이나 될까 나도 다시 한번 생각해 본다. 아이들에겐 책을 읽으라 하면서 과연 나는 얼마만큼 자주 책을 읽고 있는가. 되돌아본다. 살림하느라, 일하느라, 세 아이 공부 봐주랴 정작 내가 전문 도서 등 자기계발을 위해 책을 손에 들고 있다는 게 나부터도 그리 쉬운 건 아니다. 아이들에게 책 읽기를 강조하면서 말이다.

   영어 교육서를 쓰고 있는 나로서 지금은 영어책 읽기에 관한 것을 논하고 있지만, 책 읽기는 영어책과 한국어책, 그 어떤 것도 사실 다르게 비중을 둘 수는 없다. 한국어의 이해가 좋아야 영어책을 이해하는 것도 수월하니 말이다. 그렇다고 책을 무조건 많이 읽는다고, 아이의 독서능력이 좋다고는 말하지 못한다. 책을 읽는 것과 독서능력은 다르기 때문이다. 리딩(Reading)은 그저 리딩일 뿐 글을 이해하며 책 읽기의 즐거움을 알아 책의 내용을 맘으로 느끼고 이것이 오랜 기억으로까지 남게 하는 건 아니라는 것이다. 즉, 글을 읽고 이해(Reading Comprehension)하는 독서력, 분해력이 좋다고 말하는 것이다.

내 아이가 얼마만큼 책을 읽고 있는가를 생각하기 전, 나는 어떠한지 되돌아보자. 한 조사에 따르면 연간 성인 독서량은 단 10권이며 30대인 사람이 죽을 때까지 책을 읽는 시간은 약 10개월에 불과하다고 한다. 그리고 이건 어디까지나 평균치일 뿐 내 주변을 살펴봐도 10권씩이나 읽는 사람은 드문듯하다. 오히려 스마트폰과 TV를 보는 데 더 많은 시간을 투자하고 있지 않을까? 직접 피부에 와 닿는 독서량에 대한 평균치는 10권도 안 될 거란 생각이 든다. 고작 많아야 3~4권에 불과할까? 3~4권이면 평생 책을 읽는 시간이 3~4개월밖에는 되지 않는다는 얘기다. 수학을 그리 잘하지 못하지만 언뜻 계산해봐도 이런 수치가 나온다. 하지만 스마트폰의 사용은 어떠할까? 요즘처럼 스마트폰이 1인 1대인 시대에, 울 아이들과 우리 성인들의 생활은 어떠한지 굳이 설명할 필요도 없을 듯하다. 이렇듯 우리 부모들, 성인들은 자신의 독서, 책 읽기를 홀대하고 있는 듯하다.

하지만 우리 아이들에게 만큼은 그렇지 않다. 부모 자신은 책을 읽지 않아도 아이만큼은 독서를 시켜야 한다는 열의쯤은 갖고 있고 실제로 2년마다 문화체육관광부에서 국민 독서 실태조사를 하고 있는데 결과는 초등학생이 79권, 중학생이 25권, 고등학생이 13권 정도의 수치(2016년 독서 實態調查)를 볼 수 있다. 그런데 신기한 건 초등학생과 중고등학생의 독서량의 현저한 차이다. 대학입시가 가까워지면서 아마도 부모는 아이들의 독서를 제한하기 때문이 아닐까, 혹은 학과목에 열중하느라 책 읽을 시간이 없다는 것 아닐까? 그것도 아니면 어릴 때의 독서 생활화와 즐거움을 깨닫지 못하고 책을 읽지 않았기 때문이 아닐까?

영어책 읽기에 관해 이야기하면 대한민국 아이들의 일반적인 책 읽기에 관해 이야기하지 않을 수 없었다. 한국어책에 관한 독서에 대한 수치들이 이러한데 영어독서는 오죽할까 하는 생각이 든다. 그나마 나이별 연간 독서량에서 79권으로 초등학교 때 책을 제일 많이 읽는 것으로 나왔지만 이 수치 역시 누구나 79권의 책을 읽는 건 아니다. 어떤 아이들은 이보다 더 많은 책을 읽을 것이고 어떤 아이들은 이보다 훨씬 적은 책을 읽을 것이다. 이 수치는 어디까지나 한국어책에 관한 것이다. 그리고 영어독서는 어쩌면 수치조차 나타내지 못할 것이다. 왜냐하면, 영어책을 읽는 것이 전국적으로 보편화 된 게 아니기 때문이다. 아마도 더욱 큰 편차를 보이지 않을까?

지역적인 차이로 넓혀 보자면 단 한 번도 영어책을 읽어보지 못한 아이들도 있을 것이다. 이런 아이들에게는 영어책 읽기에 관해 묻는 것이 그저 어처구니없는 질문이 될 수도 있다. 그러나 책 읽기는 영어책이든, 한국어책이든 그 종류를 가리지 않는다. 책 읽기는 모든 교육에 있어 가장 중심에 있어야 하기 때문이다.

나는 책 읽기를 권장하며 절대 영어책 읽기만을 고집하지 않는다. 더군다나 한국책은 멀리하고 영어책만을 많이 읽어야 한다고 말하지 않는다. 왜냐하면, 영어책을 제대로 읽고 이해하려면 한국어책을 읽고 이해하는 독서력, 분해력과 배경지식이 뒷받침되어야 하기 때문이다. 우리나라는 영어를 외국어로 쓰고 있는 환경(EFL: English as a Foreign Language)에서 아이들을 키우고 있다. 영어를 제2 언어로 쓰는 나라가 아닌, 외국어로 공부하며 활용하는 나라이기에 모국어인 한국어가 더 튼튼히 뒷받침되어야 한다. 한국어, 영어를 편 가르지 말고 두 가지를 충분히 습득, 학습할 수 있는 초등학교 때 충분한 책 읽기의 시간을 가지라는 것이다. 21세기 '인공지능의 시대'에 살아갈 우리 아이들은 그 어느 때보다 더 높은 학습 능력, 탁월한 독서능력과 분해력으로 지적 재산을 쌓아야 할 것이다.

책 읽기는 꼭 실천해야 한다. 한국책이든 영어책이든 책 읽기의 습관을 잡는 것은 어리면 어릴수록 가장 먼저 시작되어야 한다. 특히 영어책 읽기는 듣기가 가장 왕성한 초등학교 때까지는 반드시 실천해 주어 다양한 책의 재미를 느낄 수 있게 해주어야 한다. 영어책을 읽는다는 것은 아이들에게 있어 두 가지 언어로 아이의 뇌를 자극하여 영어를 습득하고 활용하는 능력을 갖추게 되며, 학습 단계의 관점에서는 한국책만 읽는 아이보다는 영어의 쓰임이 자연스러워 학습의 속도 또한 높아지는 성과로 보상받게 된다.

2

영어책 읽기,
어휘력을 길러준다

영어책 읽기를 하면 가장 도움받는 게 무엇일까? 바로 어휘력이다. 외국어학습의 4대 영역(듣기, 말하기, 쓰기, 읽기) 향상을 위해 가장 기본이 되어야 할 것이 바로 어휘력이다. 그리고 어휘력은 아이의 책 읽기 능력에 가장 큰 영향력을 발휘하며 이는 곧 언어습득 및 학습에 영향을 미친다. 어휘력은 그 어떤 요소보다 아이의 학습 능력을 제대로 알려준다. 더욱 무서운 사실은 어휘력은 현재 아이의 학습 수준 및 이에 따르는 학습 능력뿐만 아니라 미래의 모습을 예측하게 해준다. 그래서 책 읽기를 통해 어휘력을 증진하고 이에 따르는 활동을 해야 한다.

실제로 미취학 때, 그리고 초등학교 저학년 때의 어휘력이 빈약한 아이들은 이 상태로 시간이 지나 6학년이 된다면 어떻게 될까? 한 연구에 따르면 유치원, 초등 1, 2학년 때 어휘력이 부족한 아이는 6학년이 되어서 또래보다 독해력이 3년 정도 뒤지는 것으로 나타났다고 한다. 이는 무엇을 말하는 것일까? 어휘력의 부족은 독해력의 부족으로 남으니 이해력이 떨어져 학습 능력은 떨어지고 당연히 모든 학습 및 사회활동에 있어 결과가 빈약할 수밖에 없다.

어휘력은 일종의 마태 효과(Mattew Effect)가 있다. 마태 효과는 '부익 부 빈익빈' 현상을 뜻하는 말로써 성경 마태복음 25장 29절에 "무릇 있 는 자는 받아 풍족하게 되고 없는 자는 그 있는 것까지 빼앗기리라(Who- ever who has will be given more, and he will have an abundance. Whoever does not have, even what he has will be taken from him)."라는 말씀에서 미국의 사회학 자 로버트 킹 머튼(Robert King Merton)이 사회과학 분야에서 1960년대 말 그의 저서 《과학사회학(Sociology of Science)》에서 처음 언급했다.

마태 효과의 의미는 부자는 재산을 늘리는 역량이 있으므로 더 부유해 질 것이며 가난한 사람은 그런 능력이 없으므로 점점 더 가난해질 수밖에 없다는 뜻인데 교육 분야에서도 이 마태 효과는 아주 큰 의미가 있다. 어휘력의 마태 효과는 아이의 환경에 의해 결정되므로 만약 환경이 별로 라면 아이의 의지와는 상관없이 어휘력은 빈곤해질 것이며 이런 상태면 아이는 제대로 된 책 읽기는 물론 아무리 열심히 학습한다 해도 그 결과 는 똑같이 일정한 시간 동안 공부한 아이에 비해 결과는 훨씬 덜 하게 된 다. 이유는 어휘력의 부족이 이해력을 방해하기 때문이다. 그렇다면 이 러한 어휘력 형성과 발달은 무엇을 통해 이루어지는가? 유아기에는 바 로 부모의 입을 통해서 형성되며 초등학교 입학 후에는 다양한 종류의 책을 통해 형성되는 것이다.

어릴 적부터 영어책 읽기를 즐기며 엄마와 대화 나누기를 생활화하는 아이는 일상적으로 대화를 나누는 것과는 차이가 있다. 일상적으로 사용하는 어휘보다는 그 수와 활용도 및 어휘 처리속도가 다른 것을 볼 수 있다. 즉, 평소의 대화 패턴과 책을 읽으며 나누는 대화 패턴은 사용하는 문장이나 어휘 등의 쓰임에 있어 차이가 날 수밖에 없다.

아이들의 어릴 적 부모와 나누는 대화 수준은 아이들의 어휘력 발달에 지대한 영향을 끼친다. 일상적인 생활에서 부모와의 대화만으로는 아이의 어휘 습득 및 활용에 뚜렷한 한계가 있다. 나와 아이와의 일상적인 대화를 한번 되돌아보면 잘 알 수 있을 것이다. 하루 중, 아이와 나누는 대화의 패턴은 거의 똑같다. 밥 먹을 때, 숙제에 대해 체크할 때, 아이가 무언가를 잘못했을 때 행동을 바르게 잡아줄 때, 심부름을 시킬 때 등. 우리가 아이와 일상적으로 나누는 대화만으로는 아무리 어려운 어휘와 문장을 구사하더라도 어휘의 난이도나 문장의 복잡도가 계속 높아질 수는 없다. 실제로 일상생활에서 구사하는 어휘는 수백 개에 불과하다. 그리고 문장의 길이 또한 문법적으로 복잡하고 긴 문장을 쓰지 않는다.

그렇다면 아이들의 어휘력을 어떻게 향상할 수 있을까? 바로 책 읽기를 통해서이다. 한글 혹은 영어를 읽을 줄 모른다면 엄마가 책을 읽어 주는 것이다. 설령 아이가 글을 읽을 줄 알아도 나는 아이에게 초등학교 저학년까지는 엄마가 되도록 책을 꼭 읽어 주어 아이가 들을 수 있는 시간을 많이 갖게 해주 길 권장한다. 그렇게 될 때 우리 아이의 어휘력 향상은 물론이고, 엄마와 나누는 대화를 통해 이해력이 증진하며 결국 아이도 훌륭히 책을 읽을 수 있게 되어 스스로 사고하며 자신을 알아가고 자신의 가능성을 믿는 심력 있는 아이로 성장할 수 있는 것이다.

3

영어책 읽기,
어떤 종류의 책을 읽어야 할까?

영어책에는 정말로 많은 종류의 책들이 있다. 한국책과는 사뭇 다른 일러스트로 아이들의 시각을 자극하고 우리나라 책도 매우 훌륭한 작가들의 책들도 많지만, 특히 힘들게 발품을 팔지 않아도 세계적으로 유명한 수상작들의 책도 관심만 있다면 실컷 접할 수 있는 게 대한민국 영어 시장이다. 정말 많은 책으로 인해 책에 파묻혀버릴 수도 있을 만큼이어서 영어책 읽기를 좋아하는 나로서는 정말로 행복한 일이 아닐 수 없다. 우리 아이들도 엄마가 책 읽기를 좋아하니 세 아이 모두 책을 늘 가까이하고 있다. 그렇다면 지금부터 어떤 책들이 있으며 꼭 읽어줘야 할 것들은 무엇이 있는지 차근차근 살펴보도록 하자.

책은 크게 두 가지로 나뉜다. Fiction(허구의 이야기)과 Nonfiction(사실적인 이야기)

우리 아이들이 주로 접하고 있는 책들은 이 두 가지가 거의 전부라 할 수 있다. 하지만 아이들에게 문학(Literature) 작품을 읽어 주는 것 또한 매우 중요한 책 선별 중의 하나이다.

아이들의 문학(Children's Literature)이라고 말하면 매우 거창하게 생각하는데 생각 외로 매우 간단하다. 잘 곱씹어보면 어린이들의 문학이란 우리가 흔히 주변에서 영어 교육을 위해 제일 많이 실천해 주고 있는 Story Books, 영어소설, 신문, 잡지, 영어 노래 속의 '영시(English Poem)' 등을 통틀어 생각하면 쉽다. 우리가 아이들에게 책을 골라 읽어 줄 때, 가장 흔하게 읽어 주는 것이 Fiction과 Nonfiction 장르가 제일 많다. 아래의 표를 보면 Fiction과 Nonfiction의 종류에는 또 어떤 것들이 있는지 쉽게 구분할 수 있을 것이다.

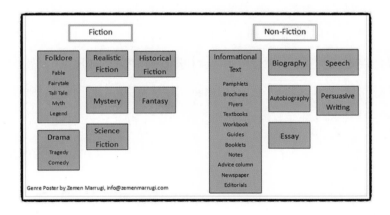

Fiction(허구의 이야기)에는 우리가 흔히 할머니 때부터 듣던 '옛날, 옛날에~호랑이가 담배 피우던 시절에~'라며 시작하는 이야기가 있다. 쉽게 말하면 천사도 나오고 공주도 나오고 사자가 말을 하는 등의 허구적인 요

소가 가득한 것을 말한다. 미스터리물, 드라마, 판타지, 전설 등이 있다.

Nonfiction(사실적인 이야기)에는 거짓이 아닌 정보를 정확히 주는 것들이라고 생각하면 된다. 대표적으로 사실만을 전달해야 하는 '신문'이 있고, 한 사람의 일대기를 그린 위인전, 그리고 자서전, 어떠한 사실을 취재한 보고서 등이 있을 것이다. 이처럼 책에는 각각의 장르(Genre)가 있다. 따라서 아이에게 책을 읽게 하거나 읽어 줄 때, 혹은 현재 아이가 어떤 책을 읽고 있다면 그것이 어떤 장르에 속하는지 한 번쯤은 체크해 볼 필요가 있다. 장르를 알아야 편식적인 책 읽기가 아닌 골고루 섭취하는 Book Reading이 될 수 있기 때문이다.

주의할 것은 아이의 책 읽기를 본격적으로 시작할 때, 무턱대고 남들이 시작하니까 이런 책, 저런 책을 따라 골라주는 것보다 내 아이의 관심사를 우선 찾아주는 게 중요하다. 이왕이면 아이가 좋아하는 것들 위주로 시작해 주되 되도록 '문학(Literature)'이라는 범주 안에서 그 나이 때라면 반드시 지나치지 말아야 할 것들을 선별해 읽어 주는 것이 매우 중요하다.

아이가 책을 읽을 때 반드시 그냥 지나쳐서는 안 되는 것들이 있다. 바로 책을 읽기 전의 준비과정이다. 읽을 책의 각 부분을 여기저기 꼼꼼히 살펴보는 것이다. 책의 제목을 살펴보고 이 책을 쓴 저자는 누구이며, 그림은 누가 그렸는지, 책을 만져보며 두께 감도 한 번 느껴보고 커버가 딱딱한 하드커버(Hard Cover)인지, 일반적인 종이로 덮인 페이퍼백(Paper

Back)인지, 그리고 이왕이면 출판사까지 살펴보는 것이다. 이런 부분은 책을 읽기 전 그냥 지나치기 쉬울 수 있다. 아이에게 나와 내 친구들, 사물들도 이름이 있듯 책의 각 부분에도 각각의 명칭이 있는 것을 이해시키고 책 읽기의 첫 시작은 반드시 책의 표지부터 살피는 것임을 인지시키자.

우선 책의 형태를 알아보자. 일반적인 책들은 보통 Paper Back의 형태가 대부분이다. 이런 책들은 가격 면에서도 부담이 덜 되며 주변에서 손쉽게 구할 수 있는 책들이다. 제일 좋은 건 가볍다는 것이다. 하지만 커버가 딱딱한 제본 형태의 것은 가격이 좀 세다. 그래서 때로는 구매할 때 부담이 되기도 한다. 보통 유아들에게 읽어 주는 책의 형태는 천으로 만든 Clothe Book, 물에서도 자유로이 책을 즐길 수 있는 Bath Book 의 것들이 있지만 초등 1, 2학년의 아이라 하더라도 이런 종류의 책을 즐길 수도 있다. 그 외에 놀이로 책을 즐길 수 있는 Pop-up Book이나, Flip-flap Book들이 있지만, 이것들은 모두 수작업이 들어가야 하는 것들이기에 이 또한 가격이 만만치 않다. 형편에 따라 자유로이 구매하거나 대여를 통해 즐기도록 한다.

영어책을 처음 접하는 아이들은 오히려 영유아를 위한 책으로 관심을 끌어 주는 것도 좋다. 그런 후, 영어책이라는 것에 익숙해지면 글 밥이 많지 않은 그림책(Picture Book)을 활용하는 것도 좋다. 아무리 영어경력이 3.5년 이상의 아이들이라 읽기가 가능해 혼자서 영어책을 읽는다고 하더라도 초등 1, 2학년의 아이들은 이런 그림책(Picture Book)을 매우 좋아한다. 중요한 건 꾸준히 실천될 영어책 읽기가 굳이 학년에 따라 제시하는 한국책과 맞먹는 글 밥의 것들을 굳이 줄 필요가 없다는 것이다. 영어

책에 흥미를 느껴 관심을 끌게 하는 게 우선이고 그런 다음, 다양한 종류의 책들을 골라 읽는 게 앞으로 영어책 읽기를 롱런할 수 있는 방법이다. 우리 아이들이 읽을 수 있는 영어책의 종류를 살펴보자.

(Picture books)

(Chapter book)

(Novels)

그림책들은 Fiction Book이 대부분이다. 영어 전문서점에 가면 쉽게 볼 수 있는 책들이다. 언뜻 책을 펼쳐봤을 때 이 정도의 글 밥이면 우리 아이에게 읽어 줄 수 있겠다 하는 것들을 선택하면 무난하다.**(내 아이의 책 읽기 레벨 찾아주기는 다음 장에서 좀 더 자세히 설명할 것이다)** 이외에도 아이들에게 읽어 줄 책들은 매우 다양하다. 파닉스를 마치고 읽을 수 있는 Readers Book과 시리즈 성격을 띄우고 있는 Chapter Book, 그리고 읽기에 자신 있는 아이들이 읽을 수 있는 소설(Novels)까지 우리 아이들이 읽을 수 있는 책들은 평생을 가도 다 못 읽을 만큼 어마어마하게 많다. 그 중, 내 아이가 읽을 수 있을 정도의 것들을 선별해 읽는 게 무엇보다 중요하다.

영어 왕초보 아이들이 이제 겨우 파닉스를 마치고 읽기 능력 향상을 목적으로 만들어진 리더스(Readers)로 영어책 읽기를 시작한다. 단어, 문법 등 언어를 제한하여 패턴으로 읽기 연습을 목적으로 만들어진 Leveled Readers 시리즈를 아래에 소개해 놓았다.

소개된 책들은 이제 겨우 파닉스를 끝내고 읽기 능력 향상(Readers) 혹은 읽기 연습을 목적으로 하는(Leveled Readers) 것들이다. 이런 읽기 책들은 파닉스를 마치며 혹은 파닉스 배우기와 함께 할 수 있는 것들이라 우리 아이가 어떤 영어적 환경에 처해 있는지, 언제 영어를 시작했는지에 따라 책을 볼 수 있는 나이가 4~5세가 될 수도 있고 초등 고학년이 될 수도 있다. 내가 개인적으로 추천하고 싶은 책은 《ORT(Oxford Reading Tree)》이다. 재미난 캐릭터들이 등장하며 Say펜을 대면 음향효과도 내어주어 아이들의 호기심을 자극한다. 아이들의 영어읽기독립 책으로 너무나 유명한 책이라 내용과 그림은 생략했다.

영어는 아무리 학년이 있어도 절대 학년별로 보지 말고 아이의 능력별로 봐야 한다. 내 아이의 나이가 아니라 제대로 된 수준을 알아야 효과적인 영어 학습을 이끌 수 있음을 알아야 할 것이다. 다음에 소개된 책들은 이제 겨우 읽기를 시작한 아이들이 볼 수 있는, 우리 아이들이 영어를 공부하며 가장 많이 보는 책들이다. 물론 질(Quality)적인 면에서도 매우 우수한 책들이니 참고해 주길 바란다.

　다음의 《Step into Reading》과 《Hello Readers》도 위의 책들과 마찬가지로 읽기 연습을 목적으로 하는 Leveled Readers이다. 실제로 아이들에게 보여주면 정말로 좋아하게 되는 책들이다. 읽기 연습을 목적으로 쓰이는 책이지만 내용도 다채롭고 재미까지 있어 정신없이 읽다 보면 영어 읽기가 쑥쑥 성장하는 것을 볼 수 있다.

　하지만 Decodable Books는 읽기가 목적인 초기 학습자들을 위한 책이다. 파닉스를 하면서 음소(Poneme: 언어에서 의미 구별 기능을 갖는 음성 상의 최소단위), 스펠링 패턴(Spelling Pattern), 사이트 워드(Sight Words: 파닉스 규칙에 맞지 않는 어휘)를 익히는 게 목적인 교재들이다. Readers Book 혹은 Leveled Readers를 하기 전 제일 먼저 아이들에게 노출해주는 읽기 목적 책임을 알아두자. 따라서 이 책은 실제로 매우 얇아 장수도 10페이지 안팎인 경우가 대부분이라 아이들의 첫 리딩에 부담감을 느끼지 않게 한다.

    초등학생인 아이들이 영어책 읽기를 시작하기 위해서는 우선 파닉스를 완성해야 한다. 미취학 아이들의 경우 모든 아이가 파닉스를 일찍이 쉽게 배우지 못한다. 5세라 하더라도 문자에 남다른 변별력이 있어 빠른 시간 내에 기초를 깨우치는 아이들도 있다. 그런데 초등학교 3학년이 되어도 파닉스를 익히는 데 어려움이 있는 아이들도 있다. 아이에게 난독증이 있는 게 아니냐는 질문도 가끔 받을 정도로 파닉스의 원리를 깨우치는 게 정말 느린 초등학생도 있다는 것이다. 그러니 다른 아이들이 모두 잘한다고 내 아이도 잘할 거라는 고정된 생각은 버려라. 혹여, 내 아이가 파닉스 익히는 게 늦어 아직은 스스로 읽기가 힘들다면 엄마가 대신 꾸준히 많이 읽어 주도록 한다.

4

영어책 읽기,
가장 인기 있는 15가지 리딩 북!

파닉스를 일찍이 마치고 이젠 읽기가 수월해지면 보통의 아이들은 Picture Book, Story Book을 읽는다. Story Book은 단편의 성격을 띠고 있지만, Chapter Book은 시리즈의 성격을 갖고 있다. 우리나라 아이들이 많이 접하는 Readers와 Chapter Book의 종류를 한 번 살펴보자.

• 1) 인기 있는 리더스: Step Into Reading
(대상: 1~6학년)

– 단계별로 골라 읽을 수 있어 독서의 즐거움을 느끼게 해준다. 전 세계의 최장수 인기 리더스로서 유치원생부터 초등학교 고학년까지 단계별로 읽을 수 있는 리더스의 스테디셀러이다. Fiction과 Non-fiction이 골고루 제공되어 책 읽기의 즐거움과 정보 습득을 동시에 할 수 있다. 특히 과학, 사회, 수학 등의 학교 교과과정과 연계된 Fiction 스토리는 통합 읽기 프로그램 역할까지 가능하여 고학년들에게 매우 유용하다.

– 공인인증시험의 4가지 영역인 Listening, Reading, Writing, Speaking 유형이 워크북 안에 골고루 담겨있으며 실생활에서 활용도가 높은 어휘와 표현들 위주로 구성되어 있다. 다양한 소재와 주제를 다룬 스토리 읽기 및 Comprehension Check가 가능하며 Audio CD를 듣고 따라 읽으면서 텍스트를 이해하고 발음 연습(Listening)까지 그리고 주제별 글쓰기 및 말하기 연습(Writing & Speaking)을 골고루 진행할 수 있어 우리나라 영어 교육현장에서 많이 쓰이고 있는 Readers이다.

• 2) 인기 있는 High-Frequency Readers

(대상: 1~2학년)

− 실제로 아이들을 가르치다 보면 읽기만 해도 아이들이 저절로 단어
들을 구분하고 기억한다. 미국 유치원 교과서 프로그램인 Kinder-
garten Place에 포함된 교재이지만 우리나라 실정에서는 파닉스를
막 마친 초등 1~2학년의 아이들이 활용할 수 있다.

− 아이들이 영어를 배워가는 과정에서 가장 빈번하게 쓰이는 단어
(High-frequency Words) 21개를 주축으로 교실 안팎에서 쓰이는 문장
을 읽힐 수 있도록 고안된 읽기 연습을 목적으로 만들어진 교재이
다. 다양한 삽화와 실사가 수록되어 있어 아이들이 지루해하지 않으
면서 본문 내용을 잘 이해할 수 있도록 그림과 함께 꾸며져 있다.

• 3) 인기 있는 챕터 북 Magic Tree House

(저자: Mary Pop Osborne / AR: 2.0~, 대상: 3학년~)

- TV에 빠진 미국 어린이들에게 책 읽기의 즐거움을 선사한 마법의 리딩 북이라 한다. 미국 교사들이 선정한 필독 도서이자 미국 아이들이 가장 많이 읽는 챕터 북이기도 하다. DVD도 있어 책을 읽고 DVD로 한번 다지는 것도 효과가 크다. 우리 아들들도 단숨에 읽어버린 마법 같은 책이다. 미국 현지에서도 Reading과 Writing교재로 사용하는 시리즈이다. 더 중요한 것은 미국의 3대 출판사로 꼽히는 Random House가 (http://www.randomhouse.com/kids/magictree-house)홈페이지를 통해 Resource와 전 세계 수백만 독자들과의 커뮤니케이션의 장을 제공하고 있다는 것이다. 인류의 시작에서부터 중세를 지나 현대에 이르고, 전 세계 먼 이국땅을 누비며 세계의 역사, 풍속, 지리를 공부하게 해주는 흥미 유발은 물론이고 이런 것들이 아이들의 학습 효과를 더욱 높여준다. 나 또한 정말 좋아하는 모

험시리즈 책이기도 하다.

• 4) 인기 있는 챕터스 Fly Guy

(저자: Tedd Arnold / AR: 1~2, 대상: 3~6학년)

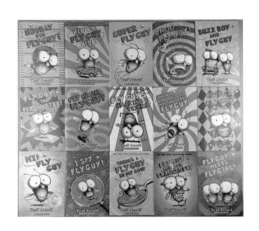

– 미국 TV 시리즈로 제작될 만큼 인기 있는 매력 만점 FLY GUY 시
  리즈이다. 영리한 파리 FLY GUY와 개구쟁이 소년 Buzz의 기상천
  외한 동고동락을 이야기하고 있다. 영어를 시작한 지 6개월 정도 지
  난 초등학생들이 픽처 북에서 자연스럽게 다음 단계로 넘어갈 수 있
  는 연결고리 역할을 한다.

– 초등 저학년 아이들이 매우 좋아하는 '지저분한' 파리를 소재로 하여
  아이들이 한번 시작하면 눈을 뗄 수 없는 매력적인 이야기가 가득하
  다. 일러스트레이터인 작가의 기지가 충분히 발휘된 독특하고 통통

튀는 그림이 아이들의 눈을 사로잡고 상상력을 자극해 읽는 내내 아이들의 웃음소리가 끊이지 않는 책이다.

• 5) 인기 있는 챕터 북 George Brown, Class Clown

(저자: Nancy Krulik / AR: 3.4~3.9, 대상: 5~6학년)

- George에게는 말 못 한 고민이 있다. 시도 때도 없이 튀어나오는 트림 때문이다. 평범해지고 싶어 하는 George에게 일어나는 기상천외한 일상을 그리고 있다. 통제 불능의 몸 개그가 시도 때도 없이 펼쳐지는 주인공 George의 일상은 아이들의 배를 움켜쥘 만큼 재미있다. 페이지마다 2~3줄가량의 글자에 볼드 처리하여 문장을 한 번쯤 주목하게 해주며 시원스러운 삽화는 흥미를 자극하기에 충분하다. 이 책은 특히 초등학교 남아에게 적극적으로 추천하는 도서이다. 그만큼 너무도 엉뚱하고 기상천외한 사건들이 즐비하게 펼쳐진다.

• 6) 인기 있는 챕터 북 The Zack Files

(저자: Dan Greenburg / AR: 2.2~3.3, 대상: 1~6학년)

- The Zack Files 시리즈를 바탕으로 한 드라마가 미국과 캐나다의 TV 채널에서 방영될 만큼 인기 있는 스토리이다. 뉴욕에서 아빠와 함께 사는 10살의 평범한 소년 잭(Zack)의 기상천외 하면서도 유머가 넘치는 이야기이다. 보통의 일상생활이 아니라 투명인간이 되기도 하고 외계인을 만나고 동물도 길러보고 하는 신기한 이야기다. 상상을 초월하는 기상천외한 이야기들과 함께 나날이 늘어나는 아이들의 어휘 실력과 표현력을 볼 수 있을 것이다. 한 가지 더, 뛰어난 연기력의 성우가 들려주는 CD를 듣는 즐거움이 있다.

• 7) 인기 있는 챕터 북 Junie B. Jones

(저자: Barbara Park / AR: 2.6~3.1, 대상: 1~6학년)

- 이 시리즈는 미국 선생님들이 먼저 선택할 정도로 미국과 영국 등 영어권 국가 어린이들의 필독서이자 미국 초등학교에서도 사용되는 챕터 북이다. 유아에서 어린이로 커가는 Junie B. Jones와 함께하는 미국의 학교 및 가정생활을 엿볼 수 있다. 가장 대중적이고 인기 있는 작가 Barbara Park의 가장 인기 있는 작품 중의 하나이다.

• 8) 인기 있는 챕터 북 A to Z Mysteries

(저자: Ron Roy / AR: 3.0, 대상: 3~6학년)

– 알파벳 순서에 따라 벌어지는 사건들을 풀어가는 꼬마 삼총사의 활약을 그린 흥미진진한 탐정소설이다. 단서는 하나, 알파벳 한 글자! 알파벳을 삼켜버린 26가지 미스터리 사건을 다루고 있다. 어린이들이 충분히 공감할 수 있는 소재와 어렵지 않은 어휘로 구성되어 있으며 이 책을 통해 아이들이 논리적인 문제를 해결할 수 있는 능력과 사고력, 추리력을 길러주는 미스터리 챕터 북이다. Listening Activity와 Key Vocabulary가 함께 들어있는 오디오 CD가 있다.

• 9) 인기 있는 챕터 북 Roscoe Riley Rules

(저자: Catherine Applegate / AR: 2.5~3.1, 대상: 3~4학년)

– 이제 막 초등학교에 입학한 주인공 Roscoe는 호기심 많고, 그 호기
심을 해결하려다 본의 아니게 사고를 치고 마는 말썽꾸러기이지만,
생각이 깊고 남을 배려하는 마음을 가진 사랑스러운 아이다. Ros-
coe의 생각이나 일상생활에서 일어나는 사건들이 어린이의 눈으로
바라본 1인칭 구어체로 표현되어, 영어 표현이 어렵지 않고 흥미진
진한 스토리가 아이들은 물론 어른들에게도 매력적으로 다가온다.
내용 이해에 도움을 주는 풍부한 삽화와 쉬운 내용으로 리더스 후
처음 시작하는 챕터 북으로 추천한다.

• 10) 인기 있는 챕터 북 Captain Underpants

(저자: Andy Griffiths / AR: 4.0~5.0, 대상: 5~6학년)

– 액션과 코믹 스토리의 절묘한 조화, 즐거운 일러스트로 탄생된 초특급 울트라 슈퍼 영웅 이야기이다. 출간 일주일 만에 뉴욕 타임스, 아마존, 배급사 위클리에서 어린이 책 부문 베스트셀러 1위를 달성했다. 팬티 입은 영웅 Captain Underpants가 팬티 고무줄로 악당을 일망타진하는 유쾌한 스토리는 아이들의 관심을 충분히 끌 만하다.

• 11) 인기 있는 챕터 북 Horrid Henry Early Reader

(저자: Francesca Simon / AR: 2.0~2.9, 대상: 3~5학년)

– 아이들이 직접 뽑은 탑 100 리스트에 이름을 올리고 있는 책이다.
인기 만점 Horrid Henry를 더 쉽게, 더 빨리 만날 수 있는 Early
Reader 시리즈이다. Horrid Henry 챕터 북 에피소드 중 쉽고 재
미있는 부분을 Full color 일러스트레이션으로 보여주고 있다. 쉬
운 단어와 짧은 문장으로 읽기를 시작한 아이들이 쉽고 재미있게 볼
수 있는 책이며 전 세계 26개 언어로 판매되고 영국 어린이 채널에
서 애니메이션으로 제작되어 인기리에 방영되기도 했다.

• 12) 인기 있는 챕터 북 Diary of a Wimpy Kid

(저자: Jeff Kinney / AR: 5.0~5.5, 대상: 6학년 이상)

- 유쾌한 일기 쓰기로 Diary Writing의 붐을 일으킨 화재의 시리즈
이다. 2009년 《타임스》 매거진의 100대 가장 영향력 있는 인물에
선정된 Jeff Kinney의 New York Times 베스트셀러이다. 비속
어 없이 깔끔한 문장으로 쓰인 위트 있는 표현과 주인공이 중학생임
에도 불구하고 쉬운 일상적인 표현들로 미국 어린이들 7세~13세를
위한 권장 도서이기도 하다. 2007년 출간 이후 30개국 이상에 판매
되었으며 미국에서만 3천 5백만 권 이상 출간될 정도이다. 믿고 꼭
읽어보자.

• 13) 인기 있는 챕터 북 Roald Dahl Series

(AR: 9/10, 대상: 6학년 이상)

- 전 세계에서 가장 사랑받는 작가 Roald Dahl의 챕터 북 시리즈이
  며 영미권의 현대 고전 시리즈 중의 하나이다. 이미 여러 편이 영화
  화가 될 정도로 전 세계적으로 유명한 작가의 챕터 북 시리즈이다.

- 이 작가만큼 어린이 감성으로 기상천외한 상상력을 뿜어내는 작가
  는 드물 것이다. 어린이 감성이지만 어른들이 읽어도 손색이 없는
  천재적인 글솜씨를 지녔다. 재미있는 책들이 너무 많지만, 누구나
  한 번쯤은 마틸다(Matilda)의 이름은 들어 보지 않았을까? 천재 소녀
  마틸다. 부모 복이 없어도 너무 없는 소녀이다. 하지만 괜찮다. 마
  틸다는 천재니까! 마틸다가 어떻게 악독한 교장을 골려주며 복수하
  는지, 결말이 어떤지 더 읽어 보자.

• 14) 인기 있는 챕터 북 Nate the Great

(저자: Margorie Weinman Sharmat / AR: 2.0~3.2, 대상: 3~5학년)

위에서 소개한 《Magic Tree House》가 읽기가 조금 버겁다면 《Nate the Great》를 먼저 읽고 넘어가도 좋을 만큼 문장구조가 단순하고 쉬운 단어들로 이루어져 있다. 글 밥도 적어서 빠르게 읽을 수 있고 컬러 삽화가 들어가 있어 아이가 엄마와 함께 읽으면 좋을 것이다. 주인공 Nate는 본인 주변에서 일어나는 일상의 소소한 일들을 해결해주는 꼬마 탐정이다. 대단한 일은 아니지만 나름 자신만만하게 똑똑한 추리로 주로 잃어버린 물건을 찾거나 미스터리를 해결해준다.

• 15) 인기 있는 챕터 북 Harry Potter

(저자: J. K. Rowling / AR: 5.5~7.2, 대상: 5학년 이상)

ㅡ 이 책과 이 영화를 모르면 간첩이 아닌가? 전 세계를 열광케 한 마
  법의 책. 1997년 영국에서 처음 출간된 후 수많은 이슈와 신기록을
  몰고 다닌 책이다. The New York Times Bestseller 1위, USA
  Today Bestseller 1위, Wall Street Journal Bestseller 1위.
  200여 국가, 61개 언어로 번역 출판 및 전 시리즈를 영화를 만들어
  영어책 읽기를 좋아하는 아이들, 심지어 대학생에 이르기까지 눈을
  떼지 못하고 읽는 책! 해리포터 시리즈는 읽기를 꼭 도전해보고자
  하는 책 중의 하나이다. 아직도 광하문 교보에 가면 웅크리고 앉아
  이 책에 빠져 책을 읽는 아이들을 볼 수 있다. 우리 아이들도 꼭 도
  전해 보길 권장한다.

5

영어책 읽기,
내 아이의 리딩 레벨 찾아주기

    아이들에게 읽어 줄 영어책을 이리저리 살피다 보면, 어떤 건 펼치기만 해도 글 밥이 너무 많아 나조차도 선뜻 엄두가 나지 않는 책이 있는가하면 '아, 이 정도면 나도 쉽게 읽고 내 아이도 잘 이해할 수 있을 것 같다.'라는 생각이 드는 책들이 있다. 전체적인 글 밥 수만 보아도 책의 수준을 알 수 있을 것 같지만 정확히 어떤 수준의 책을 골라 읽어줘야 할지 사실 고민할 때가 많다. 책이 어렵든, 쉽든 아무것이나 골라 읽어 줄 수는 없다. 물론, 엄마의 영어 실력이 엄청나게 뛰어나거나 심지어 어려운 영어책을 축약하거나 편집해 내 아이의 수준에 맞춰 읽어 줄 수 있을 정도라면 굳이 지금의 교육서를 읽을 필요도 없을 것이다.

    위에서 15가지의 책을 소개하면서 저자와 함께 AR이라고 써 놓은 숫자들을 발견할 수 있었을 것이다. AR이라는 것은 아이들의 리딩 레벨을 표시하는 것 중의 하나로써 아이에게 맞는 리딩 레벨을 찾아줌으로써 책 읽기를 할 때 읽은 것에 대한 이해력으로 아이의 자신감을 높여주고 더 나은 리딩 레벨을 갖고자 노력하는 계기가 된다. 아이가 Chapter Books를 읽고 이해할 수 있는 수준이라면 어느 정도의 Writing도 가능할 것이다. 만약 읽기(Just Reading!)는 수월하지만, 이해력이 부족하다면 그 수준을 한 단계 낮추는 여유를 가져도 좋을 것이다.

위에서 계속 노출된 AR은 무엇일까? AR(Accelerated Level)은 초등학교, 중학교 학생들의 읽기 수준을 평가, 이를 토대로 읽기 교육을 위해 만든 소프트웨어 프로그램을 말한다. 미국의 르네상스 러닝(Renaissance Learning) 사가 3만여 명의 학생 데이터를 기반으로 10만여 권의 도서를 분석해 만들었다고 한다. 미국학교 절반 이상인 6만 개 초, 중, 고등학교에서 사용되는 독서 관리 리딩 프로그램으로 학생의 도서 지수와 도서의 수준을 표준화해서 매칭시켜 놓은 것이다. 도서의 난이도를 미국 학년별 기준으로 표시해 놓은 걸 볼 수 있다.

• http://www.arbookfind.com/default.aspx

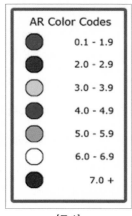

[표 1]

[표 1]에 나와 있는 지수를 보면 도서의 난이도를 알 수 있다. 예를 들어, 지수가 2.0~2.9라면 미국 학생 기준 2학년의 첫 시작부터 2학년 9개월 차라고 이해하면 된다. 만약 4.5라는 숫자를 봤다면 4학년 5개월 차의 학생에게 적합한 책이라는 걸 의미한다.

Grade Level	Guided Reading	DRA	Reading Recovery	Lexile
Kindergarten	A	A-1	1	
Kindergarten-Grade 1	B	2-3	2	BR-220
	C	4	3-4	
	D	6	5-6	
Grade 1	E	8	7-8	220-500
	F	10	9-10	
	G	12	11-12	
Grades 1-2	H	14	13-14	450-500
	I	16	15-17	
Grade 2	J	18	18-20	450-620
	K	20		
Grades 2-3	L	24		550-620
	M	28		
Grade 3	N	30		550-790
Grades 3-4	O	34		770-790
	P	38		
Grade 4	Q	40		770-910
	R			
Grades 4-5	S			860-910
	T			
Grade 5	U	50		860-980
Grades 5-6	V			
	W			950-1040
Grade 6-8	X	60		
	Y			
Grades 7-8	Z	80		1000-1160
Grades 9-12	Z+			1080-1360

[표 2]

내 아이에게 적합한 리딩 레벨을 찾아줄 때 쓰이는 것은 AR 외에도 GRL(Guided Reading Level)과 Lexile이라는 게 있다. 위의 표에서는 주황색과 빨간색으로 쓰여 있는 것을 참고하면 된다. 책의 난이도와 수준을 나타내는 지수들인데 GRL은 미국의 초등학교에서 가장 널리 쓰는 '읽기 평가도구'이며 A부터 Z까지로 표현되어 있다. 알파벳 순서가 A라면 저학년을 위한 것, Z에 가깝게 간다면 고학년을 위한 수준의 어려운 책이

라고 보면 된다.([표 2] 참고)

스콜라스틱은 왼쪽, 주황색 라인의 Guided Reading Level의 A~Z 까지 표현해 놓은 것을 학년별 수준으로 볼 수 있게 해 놓았다. 보통 책의 뒷면에 GRL을 표시해 놓는데 간혹 NR(Not Rated)란 게 있다. 이것은 아직 책이 평가되지 않았거나 GRL에 해당하는 레벨이 없음을 뜻한다. 또 하나 알아둘 것은 모든 책 하나하나가 GRL이나 NR이라고 표현된 건 아니다. 간혹 아무런 표시가 안 돼 있다고 당황해하는 엄마들, 교사들도 있다. 실제로 아무리 찾아봐도 없는 것도 있다. 참고로 GRL을 찾을 수 있는 사이트를 써 놓았다.

• https://www.scholastic.com/teachers/bookwizard/

AR, GRL가 더불어 Lexile이 있다. [표 2]의 맨 오른쪽을 보면 Lexile(The Lexile framework for reading)을 나타내는 숫자가 보일 것이다. Lexile은 AR보다 먼저 개발되었다. 읽기 수준과 난이도를 수치로 전달하기 위해 책을 비롯한 모든 Reading의 적정 나이를 측정했다. 미국 교육 평가기관인 매타매트릭스(MetaMetrics)라는 연구기관에서 20여 년에 걸쳐 5만 권에 달하는 책의 난이도를 측정하고 분류했으며 현재 3,000만 명 가까운 학생들이 미국 학력평가시험의 표준으로 사용되고 있으며 Reading 외에 교재(Text) 분류를 좀 더 과학적으로 접근하는 방법으로써 미국 내 학교들이 Lexile Score에 따라 학년별 기준 도서를 분류하고 있다. GRL과 Lexile을 비교할 때, 어느 정도의 학년에 적당한지를 살피고 싶다면 Scolastic에서 제시해 놓은 Grade Level과 비교하여 레벨을 짐작하면 된다.

　Lexile은 영어독서 능력을 나타내는 독서지수(Reader Measures)와 책의 난이도를 나타내는 도서 지수(Text Measures)로 분류된다. 다음의 표를 보며 미국학교의 학년별, 나이별로 구분해 놓은 것을 참고삼아 현재 우리나라 아이들의 수준과 비교하여 아이들의 리딩 레벨을 고민하면 될 것이다.

Age	School Year	Typical Lexile Level
7	3	300- 800
8	4	400- 900
9	5	500-1000
10	6	600-1100
11	7	700-1200
12	8	800-1300
13	9	900-1400
14	10	1000-1700
15	11	1100-1700
16	12	1200-1700

Lexile Score Table from www.lexile.com

[표 3]

　[표 3]을 살펴보면 미국학교 12학년의 지수는 1200~1700으로 표시되어 있다. 이 도표에서는 Grade 3부터 Lexile Level이 300~800으로 나와 있지만 BL(Beginning Level)은 100 정도의 수준으로 Kindergarten 수준이라 보면 된다. 만약 내 아이에게 읽히고 싶은 책이 있는데 난이도

가 어느 정도인지를 알고 싶다면 다음의 사이트를 참고해 책의 제목을 치면 난이도가 어느 정도인지, 이와 비슷한 레벨의 책들은 뭐가 있는지 쉽게 알 수 있다.

• https://lexile.com/

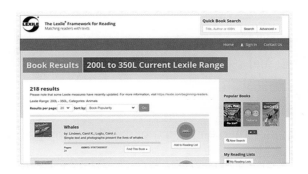

한 예로 Maisy 책의 지수를 찾아보았다.

그런데 이 부분을 잘 살펴보면 IL:LG-BL:2.0이라고 나와 있는 것을 볼 수 있을 것이다.

보통 AR을 찾으면 이렇게 나오는데 이 의미는 IL은 Interest Level(IL)을 의미하며 그 옆에 있는 LG는(Lower Grade)을 의미한다. BL은

(Book Level)을 말하고 이 책은 2.0인 걸 보면 Grade 2를 막 시작한 아이에게 적합한 책임을 말하는 것이다. '어? 숫자가 아니라 2자리 영문이 붙기도 하네?'라는 생각이 들 것이다. 이는 다음과 같은 의미이니 이것 또한 알아두도록 한다.

- Interest Level(IL)
- LG(Lower Grade) K-3
- MG(Middle Grade) 4-8
- UG(Upper Grade) 9-12
- AD(Adult Directed): 어린이가 혼자 읽기보다는 어른이 소리 내어 읽어 주는 편이 더 나은 책
- HL(High-Low): 내용은 해당 나이 흥미도가 높은+리딩 능력은 낮은 학생에게 적함
- NC(Non-Conforming): 나이에 적합한 내용+높은 리딩 수준(사용 어휘 등이 어려운 편)
- GN(Graphic Novel): 그래픽노블, 만화책
- IG(Illustrated Guide): 논픽션에 많이 쓰임, 주로(백과) 사전류
- NP(Non-Prose): 시, 연극, 노래, 레시피 등이나 텍스트 표기가 표준에 맞지 않는 책 등 코드에 붙이기 모호한 책

이렇게 내 아이의 리딩 레벨을 찾아주는 다양한 것들에 대해 알았다면 실제로 내 아이의 리딩 레벨을 체크 해봐야 할 것이다. 그런데 어떻게 내 아이의 영어책 리딩(Reading) 레벨을 가늠할 수 있을까? 미취학부터 꾸준

히 영어를 학습해 왔다면 체계적으로 정해진 리딩 레벨을 찾아 당장에라도 읽기를 시작하면 되는데 그렇지 못한 아이라면 어떻게 리딩 레벨을 알 수 있지?

가장 원시적인 방법으로 집에서 직접 테스트해볼 수 있다. 우선 아이한테 적합할 것 같은 수준의 책 하나를 선별한다. 책을 펴고 아이에게 책을 읽게 한 후 아이가 잘 읽지 못하는 것은 빼고 읽으며 아는 단어들만 동그라미를 치게 한다. 모두 읽은 후, 아이가 이해하며 읽은 어휘 수를 세어 책 뒤에 나와 있는 Lexile 지수와 비교해 아이의 리딩 레벨을 가늠한다. 이미 말했지만, 이 방법은 어디까지나 굉장히 원초적인 방법이다. 아이의 Lexile 수준을 알기 위해 테스트할 수 있는 무료 사이트가 있다.

• http://textyourvca.com/

또는 유료 리딩 레벨 테스트 사이트도 있다.
• http://www.readingtownusa.com/fron/mail.do
• http://www.readinggate.com

세상이 아무리 인공지능 AI의 시대가 왔다고 하나, 아직도 책 읽기는 고전적 형식을 따르는 게 최고인 듯하다. 쏟아져 나오는 핸드폰, 태블릿을 늘 손에 달고 사는 세상이지만 책만큼은 내가 직접 만지고 책의 냄새를 맡으며, 손가락으로 직접 책장을 넘기며 읽는 것이 아이들의 정서와 인성함양에 최고인 것 같다.

6

영어책 읽기,
그 시작은 동기부여다

내 아이에게 영어책 읽기를 본격적으로 제대로 하게 하려면 어떻게 해야 할까? 분명 책 읽기를 좋아하는 아이들에게는 그 어떤 책을 제시해도 별 어려움이 없을 것이다. 문제는 늘, 책을 가까이하지 않는 아이들이 문제이다. 그것도 이미 책과는 거리가 멀어져 버린 초등 고학년은 정말로 대책이 안 설 정도이다. 한국책도 아닌, 영어책을 읽자고 하면 어쩌면 더 민감한 반응을 보일지도 모른다.

이런 아이들에게는 무엇보다 강력한 동기부여가 필요하다. 가장 쉬운 동기부여는 '책 읽으면~해줄게.'라는 보상을 해주는 것이 가장 쉬운 동기부여가 될 수 있다. 하지만 이건 한계가 있음을 곧 깨닫게 될 것이다. 가장 좋은 동기부여는 아이들이 스스로 책을 가져올 수 있게 하는 방법일 것이다. 그러기 위해 가장 우선시 되는 것은 아이들의 부모가 먼저 책을 가까이해야 한다. 내가 실천하지 않는, 모범을 보이지 않는 상황에서 아이들에게 책을 읽으라는 것은 마치 아이에게 거짓말을 하는 것과 별반 다를 게 없다.

동기부여는 목표와 계획, 더 나아가 그것을 왜 하려고 하는지 분명히 알게 하고 최선을 다하게 하는 것이다. 공부에서든 직업에서든 우리의 삶 전반에서 열정과 강력한 동기는 날마다 해야 할 공부 분량을 마치게 해주는 훌륭한 연료일 뿐만 아니라 장기적인 지구력을 기르는 든든한 지지대가 되어 준다. 책 읽기가 한국책이든 영어책이든 아이들의 장기적인 지구력을 기르는 데 일등공신이 된다고 난 늘 말하고 있다. 한국책은 평상시 읽을 수밖에 없다. 꼭 책이 아니더라도 숙제를 한다든가 테스트 형식의 문제를 풀 때 본의 아니게 일정한 양의 텍스트를 읽을 수밖에 없다. 하지만 영어책은 경우가 다르다. 그러기에 아이들에게 강한 동기부여가 필요한 것이고 이에 따른 자신만의 만족도를 느낄 수 있게 해야 한다.

영어책과 가까워지고 영어책을 읽을 수밖에 없는 환경을 만들어 주는 가장 간단한 방법은 돈을 많이 쓰면 된다. 원어민을 집에 불러들이고, 잠시 학교를 접고 단기 어학연수를 1년쯤 다녀오거나 아니면 매년 이에 준하는 썸머 캠프를 보내면 된다. 하지만 이렇게 경제적 뒷받침을 여유 있게 하는 가정이 몇이나 될까? 지금 이 교육서를 읽고 있는 학부모 중 이런 방법을 쓸 수 있는 사람이라면 당장 이 책을 집어 던지고 새로운 방법을 알아보는 게 더 좋을 것이다.

강력한 동기부여를 통해 아이가 좋아하는 간식을 먹는 기분으로 날마다 규칙적으로 즐겁게 영어책 읽기에 몰두할 방법은 없을까? 엄마가 우선 책을 가까이하고 늘 읽는 모습을 보여주는 것 외에 아이가 책 읽기에 흥미를 갖고 스스로 책을 잡게 하는 방법으로 '엄마의 낭독'을 권장한다. 그리고 엄마의 낭독을 잘 들어주고 자신이 들은 것을 그림이 됐던, 전달하는 말이 됐던 아이 스스로 표현했을 때 보상을 주는 방법이다. 이 방법은 내가 큰 애를 키울 때 썼던 방법의 하나였다.

그때, 우리 아이는 초등 3학년이 되어도 별로 영어에 관심이 없었다. 그러니 당연히 알파벳을 겨우 읽을 수 있을 뿐 책을 읽을 수는 더더욱 없었다. 엄마가 늘 책을 가까이한다고 해도 아이에게 책을 읽자 할 때는 선생님의 모드였던 게 엄마 모드로 갑자기 돌변해 답답한 행동을 하는 아이에게 적잖이 화도 내고 신경질을 부려 결국 책 읽기에 번번이 실패하곤 했다. 우리 아이 입에서 엄마랑 영어 공부 안 하겠다는 소리까지 결국 나왔으니까. 하루는 곰곰이 생각하다 아이에게 제안을 하나 했다. 엄마가 매일 책 한 권씩을 읽어 줄 텐데 이야기를 잘 듣고 어떤 이야기였는지 기록장에 그림을 그리던지 책에서 본 단어를 단 하나라도 베끼면, 그래서 10권의 책을 잘 들은 게 확인되면(중요한 건, 엄마가 읽어 준 책의 내용을 잘 들어주는 것) 엄마가 상으로 네가 좋아하는 걸 하나씩 해주겠다고 했다. 그 당시 울 아이는 레고 만들기에 빠져있던 터였다. 알다시피 레고의 가격이 저렴한 건 아니었지만 이렇게 약간의 돈을 써서라도 아이의 관심을 끌어야 했고 어떻게 하던 엄마가 읽어 주는 책의 이야기를 듣고 싶어 하게 하는 게 우선이었다. 드디어 매일, 나는 아이에게 책을 읽어 주고 아이는 들은 이야기를 이해하려 중간, 중간 내게 질문도 하며 알아듣지 못하는 문장들은 '이게 무슨 말인데?'라고 물으며 스스로 이해력을 높이려 애썼다. 그럴 수밖에 없었던 것이 들은 것을 어떻게 해서든 기록으로 남겨야 하고, 그래야 자신이 원하는 것을 내게 요구할 수 있으니 어떻게 해서든 꼭 실천하려 애썼다. 즉, 엄마의 제안이 우리 큰아이에게는 강력한 동기가 됐다. 결과는 어떻게 되었을까? 첫 번째 약속을 지켰고 그 후로 읽어 주는 책의 권수를 점점 더 높였고, 엄마가 책을 읽어 주는 과정에서 아이는 자연스레 글을 읽고 싶어 했고, 급기야 영어 읽기에 도전하더니 1년도 채 안 되어 스스로 책을 읽을 수 있는 아이가 되었다. 물론 4학년이 다 되어서였지만 난 그것으로도 매우 만족해했다. 지금은 우리 아이가 영어라는 것을 매일 쓸 수밖에 없는 곳으로 가 있는데 그곳에서의 성적 또한 책을 많이 읽고 자라서인지 1년도 안 되어 학교 성적이 모든 과목에서 좋은 성적을 받았다.

아이에게 동기부여란 아이의 공부와 인생에 방향을 잡아주는 돛의 역할을 할 것이라 감히 말한다. 하워드 가드너(Howard Gardner)와 같은 학자들은 영어에 노출되는 시간의 효과를 극대화하기 위해서는 또 하나의 조건, 강력한 동기, 즉 학습에 대한 의지가 필요하다고 말한다. 하워드 이외의 수많은 심리학자, 언어학자, 교육학자들도 영어 공부에서 아이의 동기부여가 가장 중요함을 강조하고 있다.

'영어책 읽기를 제대로 하려면 동기를 유발하라!' 동기부여는 영어책 읽기를 통해 영어 노출 시간을 극대화할 수 있는 필수 요소라 생각한다. 또한, 강한 동기부여로 책 읽기가 습관화되면 아이의 다른 학습까지도 혜택을 볼 수 있다. 즉, 영어책 읽기의 습관은 하나의 기폭제가 되어 또 다른 한국책 읽기에도 영향을 미치고 우리가 예측하지 못했던 부분까지의 양질의 결과까지 가져올 수 있음을 기억하자.

7

영어책 읽기,
어떻게 실천하면 좋을까?

영어책 읽기를 시작할 때, 초등 저, 고학년의 실천 법은 달라야 한다. 위에서 아이의 영어 실력을 따질 때 학년별이 아닌 수준별로 할 것을 제안했는데 영어책 읽기를 할 때는 사실 수준별로 간다는 게 조금 힘들 수 있다. 왜냐하면, 초등 6학년이 아무리 영어를 못한다 해도 초등 1, 2학년이 보는 그림책 위주의 책을 읽게 한다는 게 아이로서는 자존심이 상하는 일이 될 수 있고 이는 곧 아이에게 동기부여의 의미에서 찬물을 끼얹는 것과 같다.

그렇다면 학년별로 영어책 읽기를 실천할 때 어떻게 그 중심점을 잡으면 좋을까?

책을 읽다 보면 책에서 활용하고 있는 어휘들은 일반적으로 우리가 일상생활에서 사용하는 언어와는 활용과 그 수준이 다르다. 말뭉치(Corpus: 100 million words of spoken English)라고 불리는 언어 데이터베이스에 따르면 일상 대화에서 사용하는 언어의 99%가 대략 2,000개 이내의 단어로 이루어진다고 한다. 하지만 책 읽기를 통해 접하는 단어는 일상적인 어휘의 수준을 넘어 수준 높은 단어들이 많다. 책에는 고급어휘가 매우 가득하고 다방면 전문가들의 절제된 사고가 모여 있는 곳이기도 하다. 그래서 책을 많이 읽은 사람과 대화를 할 때 그들이 활용하는 어휘들은 책에서나 접하는 어휘 활용, 그리고 말을 할 때도 남들이 이해할 수 있을 정도의 적당한 속도(Speed)와 억양(Intonation)을 사용하여 대화를 나누는 사람이 빨려 들어갈 만큼의 매력을 지니기도 한다. 이처럼 책 읽기라는 것은 한국책이 됐든 영어책이 됐든 아이들의 교육에 있어 매우 중요한 것 중의 하나임이 분명하다. 4장에서는 영어책 읽기에 관해 이야기하고 있고 지금은 아이들의 영어책 읽기를 실천하며 아이들에게 어떤 종류의 책을 읽어줘야 하는가에 관해 이야기하고 있으니 우선 책의 종류와 깊이를 내 아이와 잘 맞는지 찾고 분석해야 한다.

분명 영어 학습에 있어 저학년, 고학년의 학습법은 달라야 한다. 초등학생은 학년에 따라 인지능력이나 배경 지식, 이해능력에 따라 세분화하여 달라지기 때문이다. 따라서 아이들 각자의 능력에 따라 적절한 학습 방법을 마련해주지 않으면 아이에게 맞지 않는 너무 작거나 큰 옷을 입히는 것과 다를 바가 없어진다. 그래서 학년별의 영어 학습에 관해 1, 2학년은 아직은 영어가 재미있어야 할 때이기에 매일매일 재미있는 것으로 자연스러운 학습을 실천하고, 초등 3, 4학년은 그 나이에 맞게 이야기책도 읽고 쓰기도 하고, 쪽지 시험 같은 단어시험도 보며 좀 더 체계적인 학습이 되어야 하며 초등 5, 6학년은 지적인 자극을 받을 수 있도록 긴 지문의 스토리 북을 읽거나 본격적인 문법, 단락 쓰기 등 각 과목에 대한 주제별 영어 콘텐츠를 만나게 할 것을 제안한다.

하지만 영어책 읽기는 다른 영어 학습과는 조금 달라야 한다. 우선 나이와 레벨과는 상관없이 영어책을 읽는 것에 있어 책과 행복한 경험이 연결되면 극적인 영어책 읽기의 효과를 누릴 수 있다. 영어책 읽기가 즐거운 행위가 될 수 있지만, 글을 읽어 내는 것이, 책과 가까워지는 것이 그리 수월한 건 아니다. 그래서 아이들이 가능한 책을 읽을 때 책을 즐길 수 있도록 하는 몇 가지 팁이 필요하다. 그 첫 번째가 바로 '책과 자신의 경험을 연결하기'이다. 그 경험이라는 것이 이왕이면 행복한 경험이 된다면 더욱 좋을 것이다. 학년이 올라가면서 아이들은 좋은 경험뿐만 아니라 나빴던 경험도 있을 것이다. 하지만 책이라는 게 너무 좋은 건 이런 나빴던 경험을 자신과 비슷한 경험을 했던 책의 주인공을 통해 치유할 수 있다는 것이다. 직접적인 행동이 아닌 간접적으로 타인이 가진 경험에 공감하고 조금은 힘들지만 결국 책을 통해 해결책을 찾고 책을 통해 카타르시스를 느낄 수 있다는 것이다.

그런데 문제는 영어책을 잘 읽는 아이들이라면 영어책 읽기를 당장 진행할 수 있지만 읽기가 가능하지 못한 아이들이 문제이다. 초등 1, 2학년의 아이들이라면 영어책을 원활히 못 읽으니 엄마가 읽어 주는 것이 당연한 일이다. 초등 3학년도 역시 원활한 리딩이 불가능하므로 엄마의 입을 통해 책의 내용을 듣는 게 당연한 일이라 생각된다. 문제는 초등 5, 6학년의 고학년의 아이들이다. 이런 아이들에게 영어책을 꼭 읽어 줘야만 하는 상황이라면 사실 나부터도 화가 좀 날 것 같다. '나이가 몇 살인데 이런 책 한 권도 못 읽을까?' '학교에선 도대체 뭘 배웠기에 이런 책 한 권도 제대로 못 읽나?' 등의 많은 생각이 들 것이다. 하지만 거꾸로 학교, 학원에서만 내 아이를 맡기고 제대로 신경 써주지 못한 우리 부모도 반성해야 하지 않을까? 자, 이렇게 부정적인 생각이 먼저 앞선다면 아무것도 못 한다. 아이에게 책을 읽어 주다가 오히려 감정만 쌓이고 아이는 거꾸로 두 번 다시 영어책은 쳐다보지도 않을 수 있다. 자, 그렇다면 우리는 각 학년에 따라 어떻게 영어책 읽기를 실천하면 좋을지 논해 보자.

• 1) 초등 1, 2학년을 위한 영어책 읽기 실천법

첫째, 영어책과 친해지게 하라!

초등 1, 2학년은 그 어떤 걸 해도 예쁘고, 그 어떤 걸 잘못해도 용서가 되는 나이다. 쳐다만 봐도 예쁜 나이니까. 그러나 공부 습관과 책 읽기 습관은 제대로 만들어줘야 한다. 우선, 이렇게 어린 나이는 시간상으로 여유가 좀 있다. 따라서 1, 2학년은 우선 영어책과 친해지기를 추천한다. 그러기 위해 아이 손을 잡고 매주 1~3회씩 지역 도서관에 들러 다양한 영어책과 만나게 해주는 게 무엇보다 중요하다. 책을 꼭 읽지 않아도 영어책이라는 것을 만져보고 책장을 넘겨보고, 책 안의 그림들을 실컷 구경해보는 등, 아주 기본적인 그림책이라 하더라도 책을 많이 만지고 만나게 하는 게 중요하다.

둘째, 아이에게 책을 읽어줘라!

영어책과 친해진 아이는 그 내용이 궁금할 것이다. 하지만 자신의 능력으로 내용을 알지 못하니 답답한 맘이 든다. 그림을 보며 대충 어떤 내용인지 짐작은 할 수 있는데 더 정확한 이야기의 내용을 알고 싶을 것이다. 그럴 때, 아이가 책을 읽어달라고 할 때 엄마는 아이가 그 책의 내용을 접할 수 있게 해줘야 한다. 이왕이면 엄마가 읽어 주는 걸 제안하지만 엄마도 영어 한 자 제대로 못 읽는 왕초보라면 CD를 활용하라. 훌륭한 원어민의 발음을 들으며 내용을 듣는 중에도 분명 아이가 이해하지 못하는 것들이 있을 것이다. 그런데 막상 실천해보면 아이들은 모르는 것에 그리 개의치 않는다. 아무리 모르는 것이라 하더라도 책의 그림을 통해 상상하고 또 상상한다. 정말 모를 때에는 물론 아이는 그 뜻이 무엇이냐 물어본다. 그럴 때는 IT 강국에 사는 장점을 살려 인터넷 혹은 번역서가 있는지 확인하여 아이들의 궁금증을 풀어주도록 한다. 다른 건 몰라도 이 정도는 엄마가 해줘야 하는 성의는 보여야 한다.

셋째, 부모가 책 읽는 모습을 보여줘라!

부모가 책 읽는 모습을 보여주는 것은 어쩌면 아이가 책과 친해질 수 있는 또 다른 방법이기도 하다. 그리고 무엇보다 아이에게 책을 건네주기 위한 최고의 방법이기도 하다. 아는 친구 중 한 명이 하루는 할 일이 많은데 집에 일찍 퇴근해야 한다며 제대로 된 엄마가 되는 게 뭔지 잘 모르겠다고 했다. 왜냐고 물었더니 그 친구 역시 아이의 독서교육에 굉장히 민감한 친구였는데, 그동안 논문 하나를 완성하느라 너무 바빠 계속 늦게 퇴근해 쓰러져 자기 바빠 8살짜리 딸아이를 챙길 겨를이 없었다. 아이가 책을 가까이할 수 있도록 엄마가 먼저 책 읽기를 생활화하고 있었는데 어느 날 아이의 책상 위를 살피는 순간 뭔가 자꾸 허전한 모습이 더라는 것이다. 그래서 순간적으로 '어? 뭐가 좀 이상한데?'라고 생각하며 기억을 더듬어보니, 두어 달 동안 엄마가 늦는 날이 더 많다 보니 아이의 책 읽기를 못 챙겨주었고, 그 결과 아이의 책상에는 늘 몇 권씩 널려 있던 책의 모습은 더 이상 찾아볼 수가 없었다. 확실히 뭔가 달라진 모습에 아차 싶어 요즘은 일부러 일감을 조금 남겨 들고 작업하는 모습, 책을 읽고 일하는 모습을 보여주고 있다며 너스레를 떤다.

아이가 책을 좋아하게 만들려면 부모가 책 읽는 모습을 보여주어야 한다. 하지만 우리나라 성인 독서량이 연간 10권이라는 이야기를 했고 영어책은 그 수치조차 알 수 없다고 말했다. 하지만 책 읽기가 영어책이든, 한국책이든 부모가 모델링이 되어 준다면 아이는 부모의 모습을 닮으려 할 것이다. 너무 어렵게 생각하지는 말자. 가볍게 무엇이든 읽으려 해 보자. 탭으로 영자신문을 읽는 모습을 보여 준다든가(사실은 잘 못 읽지만 흉내라도), 가장 바람직한 건 아이가 읽는 영어 동화책을 부모도 함께 읽고 먼저 읽어보는 것이다. 부모가 책을 읽는 모습을 보여주는 걸 어렵게만 생각하지 말도록 하자.

• 2) 초등 3, 4학년을 위한 영어책 읽기 실천법

첫째, 스토리텔링을 실천하게 하라.

초등 3, 4학년은 한창 자신이 읽은 것들을 조리 있게 말하는 연습이 필요하다. 한국어책이 아닌 영어책이라 이를 말한다는 것에 한계가 있을 수 있지만 읽었던 것들을 반복해 읽는다면 언어적 감각이 아직 충분히 살아있어 저절로 책을 통째로 외워 스스로 스토리텔링이 될 수 있다. 스토리텔링은 아이들의 말하기 힘을 절로 길러줄 수 있다. 또한, 체계적인 영어 학습이 필요한 3, 4학년에게 읽은 책을 말하게 하는 스토리텔링 기법은 듣기, 말하기는 물론 읽은 내용을 이해하는 것까지 한 번에 해결할 수 있는 매우 좋은 학습 방법이다.

아이가 책을 읽을 수 있어도 12세까지는 되도록 엄마의 목소리로 책을 읽어 주는 걸 권장한다. 그러나 이런 실천이 사정상 불가능할 때에는 책의 내용을 들을 수 있는 CD가 겸비된 책을 선별해 엄마 대신 원어민 스토리텔러가 소리를 들려주도록 한다. 중요한 것은 엄마도 함께 옆에서 들어 주어야 효과가 크다. 늘 집안에 영어 이야기가 흘러나오고 모두가 들을 수 있는 환경으로 만들면 아이는 반복해 이야기를 듣고 마침내 저절로 따라 말할 수 있을 것이다.

인간의 뇌는 이야기 형식으로 내용을 들을 때 더 잘 기억하도록 만들어졌다고 한다. 다시 말해 단편적인 지식보다 일련의 이야기 흐름 속에 담겨있는 정보를 뇌는 더 잘 기억한다는 것이다. 이케다 요시히로가 집필한 《뇌에 맡기는 공부법》의 책을 보면 우리 아이에게 들려주는 스토리는 단편적 지식이 아닌 인물이 등장하고 사건이 발생한다. 이런 것들은 아이들의 감정을 움직이기에 충분하다. 감정이 움직인다는 것은 등장인물들의 상황을 공감하게 되고, 공감하면 그 내용을 좀 더 친밀하게 받아들여 생각과 행동에 큰 변화를 일으킬 것이다. 이런 상황은 사실 아이가 너무 어려도, 너무 고학년이어도 감정이 움직여지는 게 힘들다. 3, 4학년 이때가 시기적으로 가장 적당하다. 어릴 적부터 익혀진 스토리텔링 능력은 학년이 더해 갈수록 자신의 의견을 야무지게 표현하여 다른 이들을 설득하고 공감을 얻어낼 수 있는 강력한 힘을 얻게 될 것이다.

둘째, 공감대화법으로 스토리텔링 능력을 키워라.

공감은 상대방을 판단하지 않고 겸손한 마음으로 있는 그대로의 모습을 수용할 때 이루어진다. 하지만 대부분은 다른 사람을 공감해 주기보단 자기 뜻대로 사람을 움직이려는 마음이 더 강하다. 권력을 지니고 있을 때 더욱 그렇다. 아이들이 어울려 함께 노는 모습에서도 이런 현상이 보이기도 한다. 또래 친구들이지만 한 아이가 주도권을 갖고 그 아이가 원하는 대로 놀이를 하려고 한다. 어떤 아이는 놀이에 권력을 가진 그 아이의 말에 따르기도 하지만 어떤 아이들은 함께 놀다 결국 삐쳐서 그 놀이로부터 빠져나간다. 그런 놀이의 형태를 보면 권력을 가진 아이가 함께 노는 친구들에게 자신이 가진 권력으로 벌을 주기도 한다. 이 놀이 집단을 보고 공감대가 형성되지 않은 듯하다고 말할 수 있다

부모들은 아이들에 대하여 막강한 권력을 가지고 있다. 아이들은 부모

없이 살아갈 수 없기 때문이다. 그러다 보니 아이와 공감하는 대화보다는 부모 위주의 잘못된 소통을 하는 경우가 많다. 이런 현상을 특히 아이들과 공부에 관한 것, 책을 읽는 것 등을 실천하고자 할 때 부모가 아이를 내 맘대로 조정하려고 하는 의도가 생기다 보니 그 과정에서 아이와의 잘못된 소통으로 함께 공감하는 대화법이 부족해진다.

아이와 책 읽기를 시도하며 아이의 스토리텔링 능력을 키우기 위해서는 공감 대화법을 활용해야 한다. 거꾸로 아이와의 공감을 방해하는 대화법을 살펴보자.

1. 명령 또는 지시: 영어책 읽어! 두 번 큰 소리로 읽어야 해.
2. 경고 또는 위협: 너 영어책 읽는 거 마치기 전까지 밥 먹을 생각도 하지 마!
3. 훈계 및 설교: 그렇게 작은 소리로 말하면 안 된다고 했지? 큰 소리로 읽어야지. 엄마도 들을 수 있게.
4. 비판 및 비난: 그거 발음이 잘못되지 않았어? CD 틀고 다시 들어봐!
5. 조소 또는 모욕: 그것밖에 못 해? 누구누구는 벌써 그 책 다 외웠다더라!
6. 해석 또는 분석: 네가 그렇게 하니까 못하는 거 아냐?
7. 공감 또는 편들기: 너도 충분히 누구누구처럼 할 수 있어. 맞아, 엄마도 옛날엔 잘 못 외웠어.

몇 가지만 살펴보아도 이건 아니다 싶겠지만 그래도 나를 다시 한번 돌아보자. 영어책 하나 제대로 따라 읽지 못한다고 존중받지 못할 이유는 없다. 차라리 이럴 바에는 영어 공부고 뭐고 다 그만두는 게 낫다. 무엇을 하던, 아이가 조금 실수를 해도 아이가 영어책 하나를 갖고 무언가 하려고 하는 것 자체를 존중해 준다면 우리 아이는 자존감을 느끼게 될 것이고 결국 다른 사람들도 존중할 줄 알 것이다. 공감을 받은 아이가 타인의 마음도 공감할 수 있다. 영어책과 스토리텔링 연습을 하면서 부모로부터 받는 많은 칭찬은 아이가 스스로 자신이 가치 있고 중요한 사람이라고 생각할 것이다. 또한 아이의 영어 공부 인생이 달라질 것이다. 공감소통으로 아이의 평생 영어 인생을 책임져 주길 바란다.

셋째, 영어와 한국어가 함께 있는 이중 언어 챕터 북을 선택해 실천하라.

그 어떤 것보다 엄마가 아이에게 책을 읽어 주며 스토리텔링 능력을 키워주면 좋겠지만 분명 한계가 있음을 이야기했었다. 그러기에 CD가 들어있는 스토리 북을 선별해 듣기 연습과 함께 스토리텔링 연습을 하라 했지만 이와 함께 영어책 읽기를 롱런할 수 있는 또 다른 방법은 이중 언어 챕터 북을 읽는 것이다.

요즘은 해외 원서를 수입해 책의 내용을 번역해 놓은 챕터 북들이 많다. 책 읽기를 쉽게 실천하고 싶다면 시리즈로 되어있는 이중 언어 챕터 북을 선택해 반복해 읽을 수 있게 하자. 매번 새로운 책을 경험하고 선택한 책을 한 번만 읽기도 하지만 오히려 책 읽기를 제대로 읽으려면 같은 것을 여러 번 반복해 읽는 것이 최상의 방법이다. 실례로 우리 큰아이는 같은 책을 적어도 3~4번 반복해 읽게 하는 습관을 들였다. 어릴 적부터 그렇게 습관을 들였더니 커가면서 책은 늘 반복해 읽는 거로 알고 후에 학년이 올라가면서 학과목을 공부할 때에도 반복해 읽고, 반복해 문제를 푸는 것을 당연한 거로 알게 되었다. 아무래도 반복이라는 것이 몸에 배다 보니 실수를 덜 하는 것 같다. 그리고 암기력도 좋아지고 책을 읽고 난 후의 독후 활동도 사뭇 진지하게 실천하며 또래 아이들이 생각하지 못한 새로운 것들을 잘 찾아내곤 했다. 반복! 반복이야말로 아이를 더 완전하게 하는 건 없는 것 같다.

• 3) 초등 5, 6학년을 위한 영어책 읽기 실천법

첫째, 지적 성장을 위한 리딩은 다독이다.

초등 5, 6학년의 아이들은 저학년 동생들과는 사뭇 차이가 있다. 신체적 변화와 함께 지적 능력 또한 변한다. 이에 맞춰 초등 5, 6학년을 위한 책 읽기는 더욱 아이들의 지적 능력에 힘을 실어줘야 한다. 그러기 위해서는 '다독'에 힘써야 한다. 다독하기 위한 영어책의 종류는 간단한 이야기가 있는 짧은 글의 챕터 북부터 내용이 점점 길어지는 챕터 북까지 아이의 읽기 능력을 더욱 향상하게 시켜 읽기에 속도도 생기고 내용을 잘 이해할 수 있는 책까지 섭렵해 주길 바란다. 무조건 학년에 맞춘 레벨을 선택할 필요는 없다. 오히려 동생들이 읽을법한 이야기책부터 자신의 나이에 거의 맞는 책들까지 다양한 책들을 모두 읽어 내는 '다독'을 하며 더 깊이 있는 다양한 주제의 책 읽기를 실천하게 하자.

둘째, 지적향상을 위해서는 지적 호기심을 끌어내야 한다.

호기심은 언제 생기는 것일까? 우리가 이미 알고 있는 것과 알고 싶어하는 것 사이에 틈이 생길 때 생긴다. 호기심은 이미 알고 있는 것에는 발동되지 않는다. 어느 정도 그것에 지식이 있지만 완벽하게 채워지지 않았을 때, '지식'과 '알지 못하는 것'이 적절히 균형을 이루었을 때 호기심은 시작된다.

아이들은 특히 자신이 이미 다 알고 있는 내용에 관한 책을 읽으라 하면 다 알고 있는 것이라고, 그래서 재미가 없을 테니 읽지 않겠다고 한다. 하지만 뭔가 이야깃거리가 생소하면서 알 것 같기도 하고(기초 지식이 있다고 생각함) 모를 것 같기도 하면(자신이 모르는 것) 너무너무 궁금해져 강한 지적 호기심을 느끼고 몰입하게 된다. 이렇게 지적 호기심을 끌어내어 주면 당장 책 읽기를 시작한다. 이렇듯 초등 고학년에는 지적향상을 위해 다독을 해야 하는 시기이기에 책 읽기의 초벌 작업이 끝났다면 지식을 쌓을 수 있는 책을 선별해 읽기 시작해야 한다. 이런 지적 호기심을 끌어내고 지식인으로 성장할 수 있도록 만드는 책 중의 하나가 위에서 소개했던 독해교재 《Reading Explorer》이다. 지적향상을 위해 지적 호기심을 끌어낼 수 있는 충분한 교재라고 생각한다. 강추!

셋째, 지적향상을 위한 도서는 한국책과 영어책을 함께 겸비하게 하라.

위에서 잠깐 언급했던 《Reading Explorer》는 수입도서이다. 이 책만 모두 소화할 수 있어도 5, 6학년으로서는 대단한 영어 실력을 갖추고 있다고 할 것이다. 하지만 이 책은 영어가 부족한 5, 6학년의 아이들에게는 워너비 아이템이다. 모든 고학년 아이들의 실력이 모두 같다고 볼 수 없기에 아직 영어 실력이 부족하다고 생각한다면 다른 방법으로 지적 향상을 위해 노력해야 한다. 그 방법으로 한국책과 영어책을 함께 겸비할 것을 권한다. 초등 고학년은 명작, 소설, 위인전, 과학도서, 시사 문제를 다루는 기사 등 학문적 요소의 콘텐츠가 풍부한 책들을 읽기 시작해야 한다. 그리고 이를 위한 도서 중, 명작이나 위인전 등은 한국 출판사에서 이중 언어교재로 만들어 놓은 것을 쉽게 구할 수 있다. 그리고 시사는 인터넷의 도움을 받아 영자신문으로 시작하면 매우 유익한 학습이 될 수 있다. 엄마는 아이에게 직접 컴퓨터를 작동해 기사를 읽게 하지 말고 엄마가 먼저 몇 개의 기사를 골라 프린트를 해 놓으면 좀 더 집중하여 아이가 기사를 읽을 수 있을 것이다. 이런 온라인 기사를 고를 때에는 우리가 요즘 뉴스에서 이슈화되는 것들을 영어기사에서 골라 읽게 한다. 더 좋은 방법은 아이가 영문 기사를 읽고 난 후, 자신이 읽었던 것을 제대로 이해했는지 체크할 수 있도록 이를 뒷받침하는 한국 신문사의 기사를 주어 아이 학습에 확실한 도움을 주도록 한다. 이처럼 5, 6학년의 지적향상을 위한 영어책 읽기는 다양한 소재와 주제를 접할 수 있게 해줘야 한다. 영어로만의 길을 걷기가 힘들다면 한국어책의 도움도 받아 지식의 폭을 맘껏 높일 수 있게 한다. 학년이 올라가고 학문적 소양이 더욱 풍부해지는 시기가 다가올 것이기에 학습 수준과 양이 달라져야 함을 잊지 말자.

제 **4** 장

내 아이의 영어 교육,
한 뼘 더 앞서가는 엄마들의
영어 교육과 나의 팁(Tip)

다음은 내 아이 영어 교육을 성공적으로 이끈 학부모와의 인터뷰 내용이다. 나름 아이를 키우면서 영어에 대한 고충은 있었지만, 발 빠른 대처와 나름의 영어 교육 철학으로 아이를 이끌어주신 분들이다. 이름은 모두 가명으로 명시해 놓았다. 내 아이의 영어 교육을 준비하고 있거나 혹은 비슷한 고충이 있는 부분이 있다며 참고해 내 아이의 평생 영어를 만들 수 있도록 나름대로 계획을 준비하도록 하자.

1

리더스와 챕터 북으로
듣기와 말하기를 잡았어요

(민우: 현 초등 3학년)

민우의 부모는 주변에 영어 유치원을 다니는 아이를 보게 되어 고민을 하다가 7세 초반에 우리 영어 유치부에 입학했다. 파닉스를 그때 시작했다. 초등 1학년 1학기가 거의 끝나갈 무렵에도 민우는 이중모음이 완벽하진 않은 상태였다. 보통 남자아이들이 뭐든 늦는다고 하지만 민우는 특히 늦은 아이 중의 한 명이라 엄마로서 답답할 때가 많았다. 그래도 할 때가 되면 다 되겠지라는 엄마이어서 미취학 전에는 영어 교육에 대해 그다지 신경 쓰지 않았다. 그렇다고 영어를 안 한 것도 아니었다. 6세 1월부터 약 10개월 정도 친구들과 그룹으로 과외를 시켰다. 그런데 거의 1년이 다 돼가는데도 뭐가 잘 안 되는 것 같아 그룹에서 빠졌다. 사실 그룹에서 빠질 때 맘이 좀 많이 상했다. 다른 아이들은 벌써 읽을 줄 아는 게 꽤 있고, 간단한 책들은 더듬거리면서라도 읽는 걸 봤는데 유일하게 민우만 아예 읽지도 못하는 게 많이 속상했다. 부모란 게 아이 때문에 힘을 받는 건데 아이가 생각보다 잘 못 해준다 생각하니 너무 속상했다. 물론 내 아이가 많이 부족해서 그런 거겠지 하면서도 은근 선생님에게까지도 서운했다. '신경 좀 더 써주지….'라는 생각이 들면서.

어쨌든 민우는 그룹과외를 그만두고 우리 원으로 옮겼고, 민우의 언어성 발달과 동작성 발달을 체크 하던 중 어느 날 민우가 한글의 낱말 뜻과 먹글자를 익히는 것도 늦다는 게 판단되어 집에서 한글 쓰기를 좀 더 신경 써 주면 어떻겠냐고…. 초등학교 입학 전까지 함께 해보며 한글도 배경지식을 쌓아가자며 민우의 부모님과 상담을 했다. 민우 부모님은 민우가 워낙 늦다는 걸 알아 그래도 영어 하나만큼은 제일 중요시해 비용과 시간을 나름 많이 투자했다고 생각했는데도 결국은 실패해 낙심하던 중에 한글에 관한 것까지 그런 소리를 들으니 엄마로서는 정말 뭐라 표현할 수 없을 만큼 속상하셨을 것이다.

민우의 부모님은 뭔가 대책을 세우지 않으면 아이가 학습 부진아가 될 것만 같아 마음이 급해졌다. 그래서 가장 빠른 길을 물어보셨다. 나는 지금 최고의 방법은 독선생이며 원에서 배운 내용으로 영어와 한글을 반복 학습 해야 한다고 말씀드렸다. 다른 아이들과 템포를 맞추기 힘든 아이란 걸 잘 알기에 이렇게 하면 민우에게 모든 초점을 맞춰서 하면 되지 않겠냐는 생각이 들었다. 그래서 수소문 끝에 선생님을 만났고 선생님께 알파벳+파닉스 교육까지를 부탁드렸다. 이미 알파벳을 알고 있었지만, 파닉스를 마치기 위해선 다시 한번 제정비가 필요할 것 같아 그랬다. 원에서 배우고 배운 내용을 다시 선생님께서 학습을 해 주시니 그다음부터는 엄마가 하겠노라고 하셨다. 다행히 민우는 그 선생님과 즐겁게 파닉스까지를 마쳤고(대략 1년 정도 걸렸다. 초등학교 입학이후 1학기말 까지 선생님과의 수업을 마쳤다고 한다.) 이젠 영어의 초읽기 단계로 입문해 민우의 읽기 교육을 시작했다.

　민우가 아직 어려 엄마 말씀을 잘 따르던 아이였던 게 그나마 다행이었던 것 같다고 회고한다. 민우는 선생님과 파닉스를 배울 때 나의 조언대로 Decodable Book의 CD 듣기를 생활화하고 있었는데(하루 20~30분) 파닉스를 마치며 Readers를 읽을 때도 민우의 CD 듣기는 계속했다고 한다. 엄마가 읽어 주는 Readers 외에 민우가 책의 내용을 기억해 주었으면 하는 생각으로 들려줬다. 그런데 신기하게 아이가 중얼중얼 그 내용을 따라 말하고 있었다. 그래서 책을 보여줬더니 책의 내용을 그대로 말했다. 그 당시에는 이 아이가 완전히 책(Readers)을 읽고 있는 건 아니라고 생각했다. CD를 끄고 책의 아무 페이지나 펼쳐 읽어보라 하면 또 못 읽는 게 많았다. 하지만 CD를 들려주고 엄마와 함께 읽었던 Readers의 내용을 기억하게 하는 건 멈추지 않았다. 대신 CD를 들으며 책을 펼쳐 엄마와 큰 소리로 읽는 연습을 하루도 미루지 않고 했다. 민우가 초등 올라와 6월 말쯤 나는 원에 스토리 북을 하나 골라 민우를 읽혀 보았다. 그랬더니 처음에는 떠듬떠듬 읽었다. 그 이후로 계속 읽히고 또 읽혀 반복학습을 반복한 결과 어떤 Readers든 골라준 책을 척척 읽기 시작했다. 그때의 감동은 뭐라 표현할 수 없었을 것이다. Readers를 완벽히 혼자 다 읽는다고 판단한 후, 아주 쉬운 챕터 북 ORT를 읽게 도전했다. 민우도 자기 수준에 맞는 리더스 책을 읽은 후 자신의 눈높이에 맞는 아주 쉬운 챕터 북을 도전하니 새로운 것에 대한 호기심으로 먼저 읽고 싶어 해 그다음부터는 자신이 C세이펜을 들고 책을 펼쳐 들으면서 떠듬 떠듬 따라 읽고, 점점 더 많은 어휘를 읽고, 급기야 문장으로까지 읽기를 완성했다고 한다. 현재 초등 3학년인 민우는 챕터 북의 문장을 선생님이 부르면 받아쓰기까지(너무 어려운 건 못 하지만) 할 정도다. 챕터 북을 읽으며 모르는 단어를 그동안 꾸준히 쓰면서 연습한 결과이지 않을까 한다.

Tip

아이들이 영어책을 깔깔거리며 재미있게 본다는 것은 영어 표현을 충분히 이해하고 내용에 푹 빠져있다는 것이니 좋은 현상이다.

언어훈련을 위한 책, CD, DVD, 모두 재미있고 쉬운 것부터 읽고 보는 건 매우 좋은 일이다. 재미있는 책을 계속 읽어야 자연스럽게 수준도 올라간다.

민우의 부모님께서 만약 민우의 언어성이 늦다는걸 감안해 예·복습을 진작에 해 주었더라면 민우는 어떻게 되었을까? 지금처럼 늦었다고 판단 되었을까?

리더스는 아이들의 언어훈련을 위해 만들어진 책이기 때문에 글자 수도 적고 단어도 어렵지 않고 문법도 쉽다. 아이들이 리더스를 쉽게 읽어 내면 챕터 북으로 자연스럽게 넘어가게 된다. 보통 리더스의 중간 단계와 챕터 북의 스타트 단계는 수준이 거의 비슷하니 아이가 자연스럽게 리딩 레벨을 올릴 수 있다.

챕터 북은 작가가 외국 아이들 수준을 고려하지 않고, 원래 영어를 모국어로 사용하는 아이들의 언어를 모두 사용하기 때문에 처음에 어려운 것은 당연하다. 챕터 북이 점점 더 두꺼워지고 내용도 어려워지는 게 당연하다. CD를 들으며 책을 읽고, 반복해서 보기 시작하면 책에서 주는 전율, 기승전결, 클라이맥스, 표현의 다양함 등 문학 작품이 가지고 있는 요소들에 빠지면서 아이들이 책을 더 좋아하게 되고 점점 더 많은 책을 읽을 수밖에 없다. 위의 민우 엄마가 아이의 영어 학습을 위해 계획을 잘 짜고 실천한 것 같다.

2

소설(Novel, Nonfiction), 고전문학은 꼭 읽혀요

(지아: 현 초등 5학년)

　지아는 초등 1학년 입학 후 알파벳 배우기부터 영어를 시작했다. 지아 엄마는 참고로 출판사에 다니는 엄마이고 영어를 시작하기 전 한국어 교육에 더 많은 신경을 쓴 엄마이다. 영어는 모국어인 한국어가 어느 정도 자리 잡고 난 후 가르치고 싶어 영어 교육에 대해선 주변 아이들이 아무리 미취학 때부터 영어를 시작해 어떤 결과를 보고 있다는 등의 소리로 본인을 자극해도 흔들리지 않았다고 한다.

　지아 엄마는 출판사에서 일하고 있는 엄마답게 아이가 말을 떼기도 전부터 아이에게 굉장히 많은 한국책을 읽어 주었다. 그래서인지 말이 트이고 말을 시작할 무렵부터도 아이의 표현이 남달라 어른들을 깜짝깜짝 놀라게 하곤 했다. 지아 엄마를 인터뷰하는 내내 느꼈던 지아 엄마의 확고한 영어 교육관이 아직도 기억에 남는다. 지아 엄마에게 지아의 교육에 있어 제일 크게 두는 게 뭐냐고 했더니 1초의 거리낌 없이 '다독'이란다. 지금껏 아이가 읽은 책은 셀 수 없이 많은데(아마도 1,000권 이상은 되는 듯하다고…) 영어책 읽기를 2학년 때부터 시작했는데 요즘은 소설을 읽을 정도다. 그렇다면 아이가 영어를 배운 후 4년이 넘으면서 소설을 읽을 정도의 실력을 갖췄다는 건데…. 어떻게 이런 결과를 낳았을까? 지아 엄마의 인터뷰 내용이다.

지아의 영어 교육 시작은 초등 1학년 입학 후! 아이가 한글의 원리를 모두 알아 이미 5세 때 한글을 익혔으니 알파벳을 외우는 건 사실 며칠만에 모두 끝났다고 한다. 남들이 말하는 파닉스를 가르쳐야 영어를 읽을 줄 안다고 해 그다음부터는 각 알파벳이 가진 '음가(Sound)'를 가르치기 위해 인터넷에서 알파벳 쓰기와 함께 소리를 함께 익힐 수 있는 워크지(Worksheet)를 출력해 아이와 함께 그림에 색을 입히며 큰 소리로 들려주며 엄마가 아는 한도 내에서 성의껏 가르쳐 주었다. 그런데 신기하게도 문자인지가 빠른 탓이었던지 지아는 몇 번 말하고 노래하고 까불까불혼자 무어라 말하더니 며칠 후에는 각 알파벳의 소리를 응용해 한국어를 영어로 바꾸는 놀이를 하고 있다. 예를 들어, '배(Stomach)'를 'ba'라고 만들고, '모모'는 'momo', '와봐'는 'aba'라고 만들고. 지아 엄마도 놀랐다. 그래서 내친김에 엄마 아빠도 지아와 함께 한국어도 영어로 표시할 수 있음을 놀라워하고 아이와 별 웃긴 말들을 함께 만들었다. 하다못해 '바보(babo)' '어라(ura)' '똥(ddong)' 등 지아는 너무너무 좋아했고 그 후로 이런 놀이를 한동안 즐겼다. 그런데, 하루는 "엄마 '이리 와' 할 때 '와'는 어떻게 만들어?" 그래서 'wa'라고 가르쳐 줬더니 왜 이렇게 만드냐고 묻더란다. 그래서 영어는 우리가 상상도 안 되는 소리를 갖고 있을 때가 많다며 파닉스로는 이해가 안 되는 단어들을 몇 개 가르쳐 주었다. night / was / have 등. 그랬더니 이건 어떻게 해야 하냐고 해서 엄마는 옛날에 이런 건 그냥 보고서 외워 버렸다고 했다. 그런 후, 아이에게 간단한 리더스를 CD와 들려주고 읽었더니 파닉스에서 벗어난 소리를 그냥 통째로 사진 찍듯 외워버리고 몇 개월 지나지 않아 간단한 챕터 북 정도는 혼자 조금씩 틀려가며 읽었고 자신이 잘 못 읽는 것에 대해선 엄마한테 묻거나 CD를 반복해 들으며 문제를 해결해 나가는 모습까지도 보였다.

지아 엄마는 아이가 이런 행동들을 보였던 게 아마도 어릴 적부터 책을 가까이하고 늘 책 읽기가 습관이 되어있어 그러지 않았을 까라는 말을 했다. 그리고 책을 읽기 시작하면 논픽션의 책들을 한국어책과 영어책을 함께 읽게 했다. 그리고 소설 역시 여자아이들이 정서에 맞는 것을 골라 익히지만, 요즘은 고전문학 작품을 읽히려 하는데 아직 영어로 된 작품들은 지아가 조금 어려워해 '임꺽정'과 같은 한국책의 고전 작품을 읽게 한 후 영어책도 도전해보겠다고 한다.

Tip

지아가 지금까지 이렇게 잘 성장할 수 있었던 건 100% 엄마의 공이 큰 듯했다. 더욱이 엄마가 최우선으로 손꼽는 교육이 '다독'이니 이것도 나의 교육관과 많은 공통점이 있다. 지아는 사실 다른 아이들이 갖고 있지 않은 탤런트가 매우 많은 아이로 보인다. 거기에 엄마의 뚜렷한 교육관까지 더해지면서 지아가 더욱 빛을 발하고 있는 게 아닐까 생각된다. 우리는 사실 아이 교육에 있어 제일 쉽고 편한 것은 잘했던 엄마의 노력을 본받으려 하고 나도 실천해보는 것이다. 여기저기 기웃거릴 게 아니라 이런 엄마들의 노력을 나도 본받고 내 아이에게 적용해 보기도 하면서 내 아이만의 스타일을 찾아 힘껏 밀어주면 된다.

지아 엄마가 계획하는 소설과 고전문학 읽기는 엄마라면 누구나 한 번쯤 따라 했으면 하는 마음이다. 소설은 전 세계적으로 가장 많은 독자가 읽고 있는 문학 작품의 대표작이자 꽃이다. 소설은 언어적으로 완성단계에 있는 아이들이 감동, 기쁨, 슬픔 등을 느낄 수 있는 완벽한 문학 작품이다. 이런 이유를 지아 엄마는 너무도 잘 알고 있기에 지아를 위해 선택하고 계획한 일이기도 할 것이다.

한 가지 작품을 고를 때의 Tip을 주자면 이왕이면 양질의 내용을 읽었으면 한다. 그러기 위해서는 수상작품을 고르는 것이 좋다. 뉴베리상 수상작(미국도서관에서 가장 우수한 아동문학을 창작한 저자에게 수여하는 최고 영예의 아동문학상), 미국 교사 추천도서, 미국 아이비리그 추천도서 등 이들 중에서 소설 분야를 고르면 될 것이다.

아쉬운 점: 어릴 적부터 한글책 읽기와 영어책 읽기, 듣기, 말하기 등 영어로 조기교육을 시켰다면 리딩 뿐만 아니라 말하기, 듣기가 더욱 발달되어 완벽한 이중 언어자로 만들 수 있는 충분한 재능이 있는 아이다. 지아 엄마의 한국어 교육에 우선을 둔다는 생각 자체가 조금은 아쉽다. 언어를 나눌 필요 없이 함께 교육하고 책을 읽혀줬으면 아이들은 알아서 두 언어에 다 적응하고 알 수가 있었을 것을…. 어떻게 보면 엄마의 편견이 반영된 것이다.

인터뷰하는 내내 세상의 모든 엄마가 지아 엄마처럼 현명하게, 계획성 있게 키우면 얼마나 좋겠냐는 생각을 하며 같은 부모 관점에서 지아 엄마가 부럽기까지 했다.

3
책을 빠르게 많이 읽도록
하는 연습을 하고 있어요

(경미: 현재 초등 3학년)

경미 엄마는 자신이 원래 책 읽기를 좋아하는 엄마다. 경미를 임신했을 때에도 책 읽기로 태교를 했을 정도로 책을 좋아하는 엄마이니 당연히 경미에게 책 읽기를 생활화했을 것이라 짐작했다. 아나나 다를까 경미 역시 태어나서부터 지금까지 책 읽기는 하루도 거르지 않고 있다. 그런데 어느 날, 경미 엄마에게 새로운 책 읽기를 경미에게 시도하고 싶다는 생각이 들었다. 바로 '책을 빠르게 많이 읽기'였다. 이런 계획을 세울 수 있었던 것은 경미가 다행히도 '달변' 수준이라고 말할 만큼 또래의 3학년 아이치고는 말하는 내용이 책의 문체로 고급스러운 어휘까지 기가 막히게 말을 잘했기 때문이다. 내가 감탄할 만큼 말이다. 말도 잘하고 게다가 말하는 속도가 다른 아이들보다는 굉장히 빠르고 유창했다. 아마도 이런 경미의 특징 때문에 엄마가 이런 목표를 세우지 않았을까 싶었다.

그러나 이건 어디까지나 한국어에 관한 것이었다. 영어에 대해서도 물으니 영어책도 역시 이렇게 아이가 달변식으로 책을 빨리 읽어간다고 했다. 경미 엄마는 아이가 비록 속독을 할 수 있어도 엄마가 읽어 주는 게 아직 필요할 것 같아 책을 많이 읽어 주고 있다. 그런데 얼마 전부터 엄마가 책을 읽어 주면 더 빨리 읽어 달라고 한다. 엄마는 열심히 책의 중반 정도를 읽으면 아이는 이미 한 페이지를 눈으로 다 읽고 내용을 알아버린 후 눈은 이미 다음 페이지로 넘어가 있는 걸 번번이 발견하곤 했다. 그래서 하루는 아이에게 책을 읽어보라 했단다. 그랬더니 얼마나 속도감 있게 정확히 읽어 가는지 깜짝 놀랐다. 영어책도 한국어책도 그렇다. 그래서 혹시 이렇게 빨리 읽다 보면 내용을 모를 수도 있겠다 싶어 내용이 무엇이었냐 물으니 내용까지 다 알고 있었다. 그래서 이왕이면 경미의 수준에 맞는 책 읽기를 해야겠다고 생각해 이런 플랜을 만들었다.

한국어책에 대한 것보다 나는 영어책 읽기가 어떤지 더 궁금했다. "어떻게 진행하고 있냐?" 물었더니 영어는 엄마가 완전한 자신감이 없으니 CD가 있는 챕터 북 10권 내의 한 세트를 준비하고 아이와 이것을 반복해 읽을 것을 약속했다고 했다. 10권을 5번씩만 반복해도 50번을 읽는 것이니 읽고 난 후에는 아이와 약속한 것을 선물하겠다는 보상품까지 준비했다. 그리고 책을 반복해 읽을 때 지루함을 덜기 위해 첫 번째 읽을 때는 CD를 들으며 손가락으로 따라가는 Finger Point Reading(이러한 방법을 FPR이라는 건 경미 엄마가 모르고 있었다.)을 하고 두 번째 읽을 때는 CD를 들으며 따라 읽기(집중하기)를 한다. 경미가 워낙 언어에 남다른 탤런트가 있어 이렇게 연습을 하면서 5번 정도 반복하면 마치 한국어책을 읽듯 영어

책 읽기도 빨라진다는 것이다. 요즘 경미는 한국책 읽는 것보다 영어책 읽는 것에 푹 빠져있어 당분간은 아이가 좋아하는 것을 그대로 하도록 내버려 둘 생각이다.

Tip

경미 엄마는 참으로 재주 많은 딸을 둔듯하다. 이것도 아이의 재능이니 이 부분을 잘 키워주면 사회의 큰 재목감으로 성장하지 않을까 싶다.

경미 엄마가 아이에게 실천하게 하는 Finger Point Reading은 아이가 리딩을 할 때 자주 쓰는 방법이다. FPR을 하는 이유는 아이가 문맥을 놓치지 않고 한 번이라도 집중해서 보게 하기 위해서다. 아이가 좋아하는 예쁜 연필의 뒷부분으로(연필심이 있으며 지저분해지니까, 나중에 또 한 번 그렇게 읽을 기회가 있으니) 책을 따라가며 읽게 하면 된다. 아이가 경미처럼 보상을 목표로 읽다 보면 억지로 읽을 수 있고 건성으로 볼 수 있으므로 아이의 집중력을 높이기 위한 하나의 안전장치라고 보면 된다.

따라 읽게 하는 이유는 말하기 능력 향상과 좋은 글들을 암기시키기 위해서이다. 아이가 한 번 읽은 것을 마칠 때마다 책의 중심 부분(Spine)에 동그란 작은 스티커를 붙여둔다. 책을 꽂아 둔 후에도 그 책을 몇 번 읽었는지 한눈에 볼 수 있으므로 이를 보면서 아이도 작은 성취감을 느낄 수 있다.

4
영어책 1,000권 읽기에
도전하고 있어요

(은주: 초등 2학년)

    은주는 영어 유치원을 4세 때부터 다녔다. 내가 늘 아이들 교육의 중심을 '책 읽기'로 하고 있으므로 은주의 영어책 읽기 1,000권 도전하기도 내가 제안한 것이기도 하다. 그만큼 은주는 책 읽기 도전을 완성할 수 있을 거라는 확신이 들었기 때문이다.

    원래는 외국인학교에라도 입학시키고 싶었지만, 조부모님의 강력한 권유로 일단 일반 초등학교에서 저학년까지의 교육을 받은 후, 그 이후에 식구들 모두 외국으로 잠시 나가 있든가, 아니면 그때 국제학교로 옮길 예정이다.

    은주는 5세가 되어 문자에 관심을 가지며 한글과 영어 읽기를 어렵지 않게 마쳤다. 물론 은주는 그 전부터 책 읽기 교육이 시작되었으며 은주 부모님 또한 책 읽기의 장점을 나와 함께 공유하고 있었기 때문에 이런 계획을 세웠다. 은주는 4세 때부터 읽었던 책을 지금까지 따지면(영어+한국어책) 이미 1,000권은 넘었다. 왜냐하면, 3개월에 평균 80권 정도를 읽었으니 1년이면 320권, 현재 초등 2학년으로 만 5년째 나와 함께하고 있으니 어림잡아 1,200권 정도가 된다. 우리가 다시 계획을 잡은 건, 한국책도 물론 꾸준히 읽고 있지만, 오로지 영어책만 3년 안에, 초등 5학년까지 1,000권을 읽는 것이다. 읽기가 가능한 아이고 학년이 올라갈수록 책의 글 밥도 당연히 많은 것이다. 장르도 챕터 북을 비롯해 소설까지 읽을 예정이기에 1,000권을 읽는다는 건 결코 쉬운 게 아니다. 하지만 목표를 세우고 그 숫자에 도달할 수 있도록 최선을 다하고자 한다.

은주를 직접 가르치며 지금까지 함께 해 올 수 있었던 것은 부모님과 좋은 협력 때문이었다. 나를 믿고 내가 제안한 것들을 꾸준히 따라와 준 것, 그리고 늘 나와 상담하며 아이의 교육을 함께 계획하니 나름 계획했던 것들을 잘 실천할 수 있었다. 영어책 1,000권 읽기가 어려운 목표처럼 보이지만 지금껏 그래왔듯 목표를 정하고 읽은 책을 잘 기록하면 그리 어렵지 않다. 단, 어떤 책이 종류를 읽었는지 3개월마다 한 번씩 분석하고 덜 읽은 건 무엇인지 항상 체크하며 아이의 책 읽기 진행을 살펴봐야 한다.

은주는 더 어릴 적부터 이미 책 읽기에 익숙해져 있다. 따라서 앞으로의 1,000권 읽기가 그리 힘들지 않을 거라 본다. 이제 2학년이니 3학년 때까지는 약 60%가량 목표로 하는 양을 마칠 예정이다. 주의할 것은 아이가 똑같은 책을 반복해 읽어도 카운팅을 한다. 영어책이기에 반복해 읽으면 읽을수록 아이에게는 더 효과가 크기 때문이다.

 은주가 4학년이 되면 책을 읽고 난 후의 독후감 쓰기도 완벽히 쓸 수 있을 것이다. 은주가 자유롭게 책을 읽고 난 후 독후 활동을 한 것은 6세 때부터 이미 시작했다. 문장으로 쓰기 시작해야 하는 간단한 Summary 혹은 짧은 에세이는 초등 1학년 때부터 쓰고 있다. 그러니 초등 4학년 때쯤이면 에세이 쓰는 것이 점점 더 완벽해질 것이다.

Tip

아이의 영어 교육은 늘 꼼꼼한 계획이 필요하다. 은주가 벌써 나와 함께 한 지 6년째이다. 보통 아이의 지도를 맡으면서 6년이란 세월 동안 늘 변함없이 함께한다는 건 그리 쉬운 일이 아니다. 심지어 미취학 때 만나 고등학교, 대학교 때까지 함께 하는 경우도 있다. 이 의미는 아이의 변화를 늘 체크하며 교육 플랜을 만들고 교육하는 나도 있지만, 변함없이 나와 함께 아이의 교육에 참여하고 고민하며 뒷받침해주는 부모들이 있기에 가능하다.

아이의 교육은 큰 안목으로 길게 바라봐야 한다. 또 하나, 지치지 않게 너무 처음부터 무리한 계획은 삼가야 한다. 모두가 지칠 수 있고 해내지 못할 수도 있기 때문이다. 계획을 잡을 때는 반드시 아이의 능력을 고려해 잡아야 한다. 그래야 긴 마라톤을 성공적으로 완주할 수 있다.

5

1년에 책 5권 외우기에 도전하고 있어요

(수영: 현 초등 5학년)

수영이 엄마는 늘 자신은 정말 영어를 못한다고 한다. 그래서 아이에게 도움을 줄 수 없어 늘 미안하다고. 아이가 영어를 시작한 것은 5세 때부터다. 엄마가 워낙 영어에 자신감이 없어 아이만큼은 자신보다 훨씬 영어를 잘하는 아이로 키우고 싶었다.

그런데 아이의 영어 교육을 기관에 맡기며 고민이 하나 생겼다. 불쑥불쑥 던지는 아이의 질문에 엄마가 대답해 주지 못한다는 거였다. 그래서 너무너무 고민하고 있던 터에 자신이 영어 왕초보이니 수영이와 같은 수준이 아닐까 하는 생각이 들었다. 그래서 수영이가 학원에서 영어를 배우며 읽기 시작하는 스토리 북을 모두 외웠다. 그래서 아이가 책에 대해 질문을 할 때만큼은 자신 있게 영어문장을 읊으며 답해주었다. 그랬더니 수영이의 입이 함박만 해지고 엄마가 너무너무 영어를 잘해서 자기가 너무 기분이 좋다고 펄쩍펄쩍 뛰기까지 했다. 그래서 그 이후부터 수

영이가 갖고 오는 영어 이야기책은 어떻게 해서라도 모두 외워버리니 어느 순간부터 자신이 마치 영어를 잘하는 사람처럼 여겨지고 수영이가 학원에서 받아 온 숙제도 모르는 게 있어 물어오면 답도 척척 해줄 수 있었다. 즉, 수영 엄마가 수영이 보다 오히려 영어에 대한 자신감 찾기가 더 빨랐다. 그 후로 수영 엄마는 모르면 아예 외우는 게 좋은 거라는 생각이 들며 수영이에게도 엄마와 함께 책을 외워보면 어떻겠냐 했더니 너무도 흔쾌히 "엄마, 그럼 나랑 시합할까?"라며 말했다. 그래서 그 후로 수영이는 엄마와 영어책을 외우기 시작했다. 그게 벌써 7세 때부터. 그 후로 수영이와 수영이 엄마에게는 커다란 변화가 왔다. 두 모녀가 영어책을 외우다 보니 어느덧 영어가 들리고 책에서 외운 문장을 적시에 활용하여 영어 회화를 실천하니 집안이 온통 영어 나라가 된 듯했다. 무엇보다 엄마는 자신이 영어가 늘 부족하다는 것에서 탈피하여 누구보다 영어가 자신 있는 엄마로 변했다는 것이다.

그 후로, 수영이와 수영 엄마의 책 외우기는 계속되었다. 그런데 책의 내용이 점점 길어지고 두께 감이 있는 책으로 발전하다 보니 외우기가 점점 더 힘들어졌다. 그래서 그럴 때는 한 챕터만 골라 외우기를 실천했고 심지어 아빠 앞에서 두 모녀의 영어 외우기 콘테스트를 열어 아빠로부터 해외여행이라는 멋진 상장도 받았다. 수영이와 수영이 엄마는 아빠의 아낌없는 칭찬과 보상으로 더 신나는 영어책 외우기를 실천했고 누가 먼저 제안할 것도 없이 아무리 두꺼워도 한 번 처음부터 끝까지 외워보기로 맘을 먹고 그 목표를 1년 안에 영어책 5권 읽기로 세운 것이다.

나는 수영이도 너무 신통하지만, 무엇보다 아이의 영어 교육을 실천하며 엄마가 적극 자신의 실력을 향상하게 시킨 것에 큰 박수를 보내고 싶다. 수영 엄마가 자신의 부족함을 극복하기 위해 그 선택을 수영이의 수준에서 아이와 함께 시작했다는 게 너무도 좋은 생각이었음을 강조하고 싶다. 교육하다 보면 제일 많이 듣는 질문 중의 하나가 "영어를 어떻게 하면 잘할 수 있을까요?"라는 질문이다. 그런 질문을 받을 때마다 나는 자신이 성인이기에 영어를 어른처럼 배워야 한다는 생각을 버리고 아이가 배우는 것을 함께 배우라고 늘 조언해 준다. 그렇게 엄마들에게 조언하며 왜 그렇게 해야 하는지 말해 주지만, 수영 엄마처럼 내가 말하는 것을 직접 실천하는 사람은 정말 드물다. 영어가 부족하다고 생각하는 모든 엄마에게 수영 엄마의 방법을 적극적으로 추천하는 바이다.

6

영어 공부에 컴퓨터,
태블릿을 사용하고 있어요

(동구: 현 초등 4학년)

동우는 전형적인 장난꾸러기 남아이다. 책 보는 것보다는 컴퓨터 게임을 좋아하고 숙제를 하라고 하며 몇 번이고 별의별 핑계를 대며 방에서 뛰쳐나오는 아이다. 노는 것에는 그 누구보다 열정적이지만 공부에는 전혀 관심이 없다. 국어도, 수학도, 영어도 좋아하지 않던 동우가 그나마 작년부터 영어게임에 꽂혀 의외로 쉽게 영어 공부를 하라고 강요하지 않아도 본인이 알아서 영어게임을 열심히 하더니 파닉스를 익히고 영어를 스스로 읽는 경지까지 왔다. 어느 날부터 아이가 갑자기 영어단어를 읽기 시작했는데 처음에는 별 신경을 쓰지 않았다. 전혀 기대하지 않았으니까. 그런데 하루하루 조금씩 이상한 느낌이 들어 아이가 하는 행동들을 살펴보았더니 영어게임을 다운로드받아 게임을 하고 있었다. 그리곤 그 안에 나오는 영어단어 및 문장들을 조금씩 읽어 나가고 있었고 다른 때와는 사뭇 진지하게 영어게임을 하고 있어 깜짝 놀랐다고 한다. '살면서 이런 예도 있구나!' 했다.

동우 엄마는 동우가 너무 게임을 좋아해서 하지 마라, 말리고 말리다 지쳐 거의 포기상태라 했다. 다만, 컴퓨터 게임은 혼자 있을 때는 하지 않기로 약속했고 컴퓨터 자체를 아예 거실로 옮겨 놓아 늘 엄마의 감시하에 게임을 하게 했다. 그리고 게임은 1시간 30분을 넘기면 안 된다는 약속도 철저히 지키도록 했다. 그런데! 전혀 생각하지 못했던 일이 벌어졌고 오히려 이것이 계기가 되어 아이의 영어 학습 영향을 주었고, 현재는 다른 게임보다는 영어게임을 찾아 즐기고 있었다. 아이들이 우리 어른들보다는 컴퓨터 장치 사용 등, 프로그램 찾기 등을 더 잘한다. 현재는 오히려 엄마가 영어를 즐길 수 있는 학습 프로그램을 사주고 있다.

　동우 엄마는 컴퓨터 게임은 늘 좋지 않은 거란 인식이 있었다. 그런데 오히려 동우가 이런 컴퓨터 게임을 통해 돈 안 들이고도, 공부하라며 아이와 싸우지 않아도 스스로 대견하게 기초적인 영어 읽기도 조금씩 되어가는 것 같아 요즘은 오히려 아이에게 좋은 온라인 영어 학습 프로그램이 없나 찾아보고 있다. 초등 아이들에게 좋은 온라인 프로그램을 말이다. 동우 엄마는 이젠 더 온라인 게임에 대한 거부감이 없다. 나름 이런 걸 개발하는 프로그래머들에 대한 편견도 있었지만, 지금은 오히려 그들에게 감사하기까지 했다. 호탕하게 웃는 동우 엄마의 모습이 아직도 눈에 훤하다.

Tip

동우도 참 특별한 케이스이다. 요즘 영어 학원에 가면 커리큘럼 안에 온라인 학습 과정이 따로 있다. 물론 Textbook을 기본으로 하며 보충 학습으로 온라인 학습 프로그램을 활용한다. 적절히 사용하면 매우 좋은 영향을 준다. 하지만 뭐든 과하면 문제가 되는 법이다. 동우의 경우엔 컴퓨터에 빠져 있던 아이가 이것저것 서핑하다 우연히 영어게임을 발견하고 이를 잘 활용하는 과정에 재미로 다가가 실천하다 보니 스스로 영어를 익히게 된 매우 특별한 경우이다. 하지만 이건 어디까지나 특별한 경우이다.

온라인 학습에 모든 열정을 쏟는 건 바람직하지 않다. 온라인 학습은 반드시 시간적인 제한도 줘야 하고 관리가 필요하다. 그리고 혹 온라인 학습을 시키고 싶다면 반드시 듣고 따라 말하는 과정으로 자기의 목소리를 녹음하고 들어보는 형식의 프로그램도 탑재된 것을 활용하길 권장한다.

한 가지 더 이야기하고 싶은 게 있다. 요즘 스마트폰 1인 1대의 시대에 사는 우리 아이들에게도 스마트폰은 더 귀한 게 아니다. 그러다 보니 학년이 높아지면 우리 어른들보다 훨씬 더 많은 것을 알고 있다. 생전 처음 보는 것들을 아이들의 핸드폰을 통해 보기도 하니까. 그런데 이렇게 되기까지는 엄마·아빠의 모범적인 모습이 필요하다. 나는 지난번 정말로 믿기지 않은 한 가족의 모습을 본 적이 있다. 급하게 작업할 일이 있어 집 앞의 커피 전문점에서 열심히 일하고 있는데 많아야 4살 정도의 딸아이와 함께 엄마, 아빠가 들어왔다. 엄마·아빠는 커피, 아이는 아이스크림을 주문하고선 자리에 앉는 모습까지 보았다. 커피를 기다리는 동안 3명의 가족은 뭐라 잠깐 대화를 나누는 듯했다. 그리곤 주문한 커피와 아이스크림을 먹는 소리까지 들었던 것 같다. 그런데 한참을 작업하던 중 너무도 조용함이 느껴 벌써 그 가족이 갔나보다고 생각하며 고개를 잠시 돌려 보았다. 아, 그런데! 온 가족이 각자 스마트폰을 들고 다들 무언가에 집중하고 있었다. 잠시 슬쩍 보니 아빠는 축구 게임을 하고 있었고, 엄마도 다른 게임을 하고 있었고, 아이 역시 엄마가 틀어준 게임을 계속하고 있었다. 그렇게 그 가족은 단 한마디의 대화도 없이 각자 게임을 즐기고 있었다.

나는 놀라지 않을 수 없었다. 겉으로 보기에 그 가족은 분명 아이들 데리고 산책을 나왔거나 즐거운 시간을 갖기 위해 나들이를 나온 모습이었다. 실컷 놀고 커피전문점에 잠시 쉬러 들렀다 하더라도 겨우 3돌도 안 되어 보이는, 언어도 어눌한 작은 딸아이에게 스마트폰을 들려주고 게임을 하게 한다는 것이 도무지 이해할 수 없는 광경이었다. 잠시이겠지라는 생각에 나도 작업을 하며 기다려 보았다. 내가 그곳에서 1시간 넘게 작업을 하는 동안 그 가족은 나와 거의 맞먹는 시간 동안 온 가족이 스마트폰 게임에 빠져있었다. 단 한마디의 대화도 없이 말이다.

내가 이렇게 열변을 토하는 이유를 잘 알 것이다. IT의 홍수로 전 국민이 스마트폰을 갖고 있다시피 할 정도이지만 이런 꼬마에게까지 부모가 스마트폰을 벌써 쥐여줘야 했던 것일까? 다시 한번 모두가 깊이 생각해봐야 할 일이다.

7

영자 신문과 한국 신문을
꼭 보게 하고 있어요

(소영: 현 중학교 1학년)

소영이는 7세 때부터 영어를 시작했다. 여자아이라 그런지 파닉스를 떼고 영어단어를 읽으며 간단한 책 읽기는 초등 1학년 여름방학을 맞이할 때쯤이라 했다. 소영이 엄마는 아이가 영어를 시작한 게 나름 늦었다는 생각을 했다. 주변의 아이들은 4세 때부터 영어 유치원을 다니고 있던 터라 일반유치원을 다니고 있던 소영이 엄마는 사실 좀 분위기 적으로 위축되기도 했다. 하지만 각자들 형편이 모두 같은 건 아니었기에 영어 유치원을 보내지 못하는 대신 아이에게 따로 해줄 수 있는 건 뭐가 없을까 고민하다가 소영 아빠의 조언으로 부부가 열심히 책을 읽어 주기로 다짐한 후 정말 열과 성의를 다해 아이가 책을 접할 기회가 될 수 있는 대로 많이 가졌고 주말에는 엄마·아빠 모두가 시간을 꼭 내어 서점에 가서 책을 둘러보고 다 같이 책을 읽는 시간을 가졌고 아이가 원하는 책 한 권씩을 사주는 형태의 교육방식을 택했다.

7세 때부터 영어를 시작한 계기도 아이와 주말에 서점을 다니던 중 소영이가 고른 장난감 영어책을 사 온 후부터였다고 한다. 알파벳을 가리키려고 했던 것도 아니었는데 장난감 책을 갖고 놀면서 물어보는 것에 답을 해주다 보니 아이가 어느덧 알파벳을 다 깨우쳤고 이 모습을 지켜본 아빠가 자신이 소영이의 영어를 좀 가르쳐 보겠노라고 한 후부터 본격적인 영어 공부를 했다. 즉, 소영이네는 본격적인 영어 공부의 시작을 아빠가 했던 집이다. 주로 무엇을 했냐는 질문에 아빠가 퇴근하면 아이와 함께 늘 책을 읽었다고 했다. 아빠가 구해오는 영어책도 가끔 볼 수 있었지만 주로 한국어책을 읽었다고 한다. 아빠의 교육관은 영어보다 한국어를 제대로 쓸 줄 알게 하는 것이었다. 한국어책 읽기가 10권이라면 놀이식 영어책이 2~3권 정도였다. 영어는 특별히 아이한테 꼭 해야 한다는 것보다는 놀이식의 책을 많이 접하게 해주었고 파닉스 활동도 아빠가 단어카드 같은 걸 만들어 아이와 놀이하며 익히게 했다. 와, 이런 아빠만 있으면 우리 같은 선생님이 할 일이 없어지는 게 아닌가 싶다.

소영이 아빠는 특히 어린 소영이를 무릎에 앉히고 신문을 늘 읽어줬다고 한다. 한국어신문과 영자신문을 번갈아 가며 말이다. 처음엔 소영 엄마도 "아니, 애가 뭘 안다고 애한테 신문을 읽어줘?"라고 말했지만, 소영 아빠는 "이다음에 크면 신문을 꼭 읽어야 하는데 미리 신문에 대한 거부감을 주지 않기 위해서야."라며 아이와 신문을 읽기도 하고 신문으로 종이접기도 하면서 신문으로 접어놓은 배, 혹은 비행기를 살피면서 그 안에 들어있는 한글, 영어 등을 읽어 주기도 하고 신문안에 쓰인 글씨 등을 베껴 쓰는 활동을 통해 영어 읽기에 숙달했다. 초등 2학년이 될 무렵부턴 신문에 있는 단어를 뜻은 모르지만 읽을 수 있는 단계까진 되었고 서서히 영어 이야기책 등을 사와 아이가 혼자서 읽을 수 있을 때까지 반복했다. 어린이 영어신문을 읽기 시작한 것은 초등 3학년 때부터 본격적으로 시작했다. 어린이신문은 영자신문을 읽기 전 초등 2학년 때부터 먼저 시작했다. 물론 매주 서점에 가는 것은 특별한 일이 벌어지지 않는 한 중학교에 입학하기 전까지 계속되었다. 그러다 보니 소영이는 서점의 구석구석을 알게 되고 어떤 책이 어디에 있었다는 것까지 기억하며 지난주에는 그 자리에 있었는데 오늘은 없다며 왜 없어졌을까 궁금해하고 어떤 때에는 안내원에게 "혹시 그 책이 이제는 더 이상 안 파는 건가요?"라고 묻기까지 했다. 이제 소영이는 초등학교 6학년이 되면서 성인들이 보는 영자신문으로 완전히 바꾸었고 한국 신문은 아빠가 보는 신문을 함께 보고 있다.

Tip

교육업계에 있으면서 아이 교육의 총대를 멘 아빠의 모습을 보기는 쉽지 않은 일이다. 소영이네는 아빠였기 때문에 어떠한 잡음 없이 아이의 영어 교육을 잘 이끌어올 수 있지 않았나 싶다. 책 읽기와 신문 읽기로 아이의 영어 실력을 갖추어 줬다는 건 절대 쉬운 게 아니었을 것이다.

소영이 아빠가 신문을 선택한 건 너무도 탁월한 선택이었다고 본다. 신문에는 세상의 모든 소식이 들어있다. 그리고 다양한 콘텐츠가 한 곳에 집약되어 있어 아이에게 산지식을 얻을 수 있도록 해준 것이나 다름없다. 소영이 아빠의 이런 교육 방법은 우리 부모들이 반드시 본받아야 할 부분이다. 누구도 생각해내지 못했던 것을 실천했다는 것! 정말로 대단하다.

8

영어책 읽기를 위해
한국책 읽기를 더 열심히 했어요

(민성: 현 초등 6학년)

현재 민성이의 영어 실력은 중학교 수준도 무난히 따라 할 만큼의 실력을 갖추고 있다. 듣기, 말하기, 읽기, 문법 등 민성이의 영어 실력은 또래 아이들과 비교했을 때 절대 뒤처지는 실력이 아니다. 그런데 민성이가 처음부터 이렇게 잘했던 건 아니다. 심각하리만큼 언어구사력에 있어 문제가 있던 아이였다. 그래서 민성이의 영어 학습법이 매우 독특할 수밖에 없다.

민성이는 초등1학년 때부터 영어 학원에 다니기 시작했다. 영어 학원에 다니기 시작하면서 당연히 스토리 북을 읽는 등 영어책 읽기를 하는게 보편적인 활동이었다. 그러던 어느 날, 영어책을 읽으며 그 내용에 관해 물어보는 데 엄마가 듣기에 도무지 이야기하는 게 앞뒤가 맞지도 않고 말도 어눌하게 느껴지는 게 자꾸 신경이 거슬렸다. 그래서 엄마는 영어책이어서 그러나 하고 한국어책으로 시험해 보았다. 동화책을 읽은 후

책의 내용을 이야기하게 하는데 한국어책에 관한 내용 또한, 아이의 언어구사력이 별반 차이가 없음을 발견했다. 어찌하나 싶어 한동안 고민했다. 결국, 엄마는 영어 교육을 잠시 접고 국어교육에 좀 더 많은 시간을 투자하기로 했다. 책을 함께 읽고, 일기도 쓰고, 성당에 보내며 성경공부와 기도문을 외우게 하고, 무엇보다 책을 많이 읽고 성당에서 유식하다 소문난 대학생 형을 소개받아 일주일에 한 번씩 형의 도움을 받았다. 시간이 넉넉지 못한 형이었지만 성당을 함께 다니던 터라 토요일 성경공부가 끝난 후, 민성이는 형과 함께 책을 읽고 읽은 것을 글로 남기는 활동을 시작했다. 형의 도움을 받으니 엄마와 함께 하는 것보다 민성이가 더 적극적인 모습을 보였단다.

이렇게 민성이는 거의 1년 동안 형의 도움을 받았고 엄마도 활동을 게을리하지 않으면서 성당에서의 규칙적인 성경공부와 기도문, 성가를 부르며 어휘력과 문장력을 키우게 했다. 그 결과 2학년 중반쯤 되어서는 아이의 말솜씨와 일기 등의 글솜씨가 몰라보게 좋아졌고 엄마도 더 성민이에 대한 조바심이 덜 생겼다.

민성이 부모님은 새로운 학원이 마음에 들어 보내고 싶어 했고 1년 동안 뒤처졌다고 생각하는 부분을 보충하기 위해 더욱 읽기에 더욱 집중했다. 그러기를 4년, RC를 뒷받침하고 쓰기를 하기 위해 소개되는 문법을 자연스럽게 익혀 나가며 꾸준한 노력으로 실력이 향상되었다. 부모님들도 많은 노력을 함께 하셨다고 한다. 그렇게 열심히 한 결과 중등 중급

과정 정도까지는 별문제가 없을 만큼의 실력을 갖추게 되었다.

Tip

성민이 엄마의 교육관도 일리 있는 말이다. 한국어 환경에 사는 아이들이 영어부터 잘한다는 것은 모순이 있다. 한국어를 잘하는 아이들이 영어도 잘하는 것을 볼 수 있다. 모국어의 이해력이 좋은 아이들은 배경지식이 좋기 때문에 뭐든 어려움 없이 잘해낸다. 이해력이 좋으니 영어도 수학도 절대 뒤지지 않는다. 그래서 현장에 있는 선생님들끼리 흔히 하는 말들이 있다. 국어를 잘하면 뭐든 잘한다고….

실제로 모국어의 어휘력이 빈곤한 아이들은 그 어떤 학습 능률도 기대하기 힘들다. 결국, 영어 실력도 국어 독해력에 수렴한다. 유아 때부터 초등학교 저학년 때까지 언뜻 영어 수준이 나이에 비해 높아 보이던 아이들이 있다. 다른 엄마들의 부러움을 사기도 하지만 이런 아이들에게서 자칫 발생할 수 있는 일들이 나이가 더해 가면서 어느 순간 유리천장에 막혀 영어 실력의 성장 속도가 예전만 못하는 것을 볼 수 있다. 아니, 완전히 정체된 느낌마저 들 정도로. 이런 아이들 대부분 문제가 바로 국어 독해력과 배경지식의 부족으로 어려운 한국말을 이해하지 못하니 당연히 영어를 독해할 때 무슨 이야기인지 이해하지 못한다. 이런 영어 실력의 한계는 결국 국어력이라는 것을 보여주는 한 예인 것이다. 때문에 국어사전을 통해 정확한 한글 낱말과 배경지식을 쌓아가야 할 것이다.

9
하루에 10개씩 단어는
꼭 외우게 하고 있어요

(현지: 현 초등 5학년)

현지는 도심에 사는 아이가 아니다. 충청북도 청주에서 약 30분을 들어가야 하는 면 소재지에 살고 있다. 초등학교의 규모도 전체 학생이 약 150명 정도밖엔 되지 않는다. 매우 작은 학교이며 도심에서 사는 나로서는 시골이라고 밖엔 표현을 못 하겠다.

현지는 초등 5학년이지만 위에 6학년짜리 연년생 오빠가 있다. 오빠는 축구를 한다. 그리고 현지 오빠는 알파벳도 잘 모른다(현지의 말). 현지 엄마는 아빠와 농사를 짓고 산다. 태어나기도 지금의 충북에서 태어났고 서울에 올라와 본 적이 사실 없다. 두 부부의 집이 모두 그곳이니 굳이 서울에 올라갈 일도 없어 서울 사람들의 생활은 TV를 통해 보는 정도가 다다. 그래서인지 나를 만나면서도 참 신기해했다.

현지의 영어 공부에 관해 물었을 때 나는 깜짝 놀랐다. 언뜻 인터뷰

전, 현지 엄마에게서 영어 교육에 대해 과연 들을 말이 있겠냐는 생각도 했었다. 하지만 인터뷰를 하는 내내 현지 엄마가 얼마나 대단한 분인지 존경스러울 정도였다.

현지 엄마는 현지가 나중에 커서 도시에 나가 살기를 바란다. 중학교는 너무 어린듯해 엄마가 데리고 있고 고등학생이 되면 서울로 유학을 보낼 생각이다. 그리고 대학교도 서울로 갔으면 좋겠다는 바람을 내게 보이며 서울 아이들은 대학을 가려면 어떻게 공부하냐고 진지하게 묻곤 하셨다. 현지 엄마는 하루에 겨우 10개씩 단어 외우기를 열심히 하고 있다. 초등 3학년 때부터 학교에서 영어를 시작하는 건 알고 있었는데 어느 날 TV에서 서울 대치동의 아이들이 공부하는 것을 언뜻 봤다고 한다. 즐비하게 학원 앞에 차가 서 있던데 정말로 그러냐며 물으며 혼잣말로, "울 현지도 앞으로 서울 가서 공부하려면 영어 잘하는 아이들이 모여 있는 저기에 가서 공부해야 하는 거 아닌가?"라는 말을 했다. 저기 서울의 아이들은 오밤중까지도 공부한다는데 울 현지는 여기서 공부도 별로 안 하는데 어찌 서울에 가서 저런 아이들과 경쟁하며 살까 하는 생각을 하니 서울을 보낸다는 게 턱도 없는 일이 아니겠냐며 걱정도 들었다. 그래서 나름 동네에 학원이 없나 둘러보았지만 쉽게 찾을 수도 없었고 시내까지 나가야 하는데 아이가 매번 버스를 타고 다니기도 쉽지 않아 다른 방법을 찾아야겠다는 생각이 들었다. 그때 떠오르는 생각이 현지 엄마가 중학교에 다닐 때 영어 선생님이 말씀하셨던 "너희들, 영어 공부는 그래도 단어를 제일 많이 알아야 한다."라고 말씀하셨던 생각에 하루 짬을 내어 시내 서점에서 초등학생들이 혹은 중학생들이 공부할 수 있는 단어집을 구해 현지가 공부할 수 있도록 했다. CD가 붙어 있어 CD 플레이어도 하나 사주고 엄마가 주는 선물이니 나중에 서울에 올라가 공부하려면 이 정도는 해야 하지 않나 하며 어려우면 엄마 앞에서 듣고 따라 하라고 말하면서 단어라도 꾸준히 외우라고 했다. 그래서 현재 거의 1년 동안 현지는 하루에 10개씩이 단어를 꼭꼭 외우고 엄마 앞에서 매일 저녁 단어시험을 본다. 그리고 그다음부터는 사실 인터뷰를 할 수가 없었다. 한 사코 우리 현지는 그렇게 영어 공부를 하는 것밖엔 없다고 하면서 "이렇게 하면 되는 건가요?"라며 묻고 있었다.

Tip

현지 엄마를 인터뷰하며 사실 맘이 그다지 좋진 못했다. 대한민국의 영어 교육이 이렇게 지역적 차이가 크다는 것을 실제로 몸으로 느끼고 왔으니 말이다. 현지 엄마는 그래도 시골에서 농사짓고 사는 엄마 중에서는 매우 드물게 아이들의 교육에 대해 고민이 많으신 분이었다. 딸이지만 자기처럼 시골에서 농사짓고 살게는 하고 싶지 않다고. 요즘의 시대가 어떤데 여자라고 시집가서 농사일하고 밭일하며 살란 법은 없지 않냐고! 서울의 아이들처럼 좋은 교육환경에서 무엇이든 원하기만 하면 쉽게 손 뻗어 잡을 수 있고 혜택받을 수 있는 시스템에 살고 있지는 않지만, 그래서 영어 공부를 매일 영어단어 10개씩 외우는 그것밖에는 생각하지 못했지만 난 이런 현지 엄마가 너무도 존경스러운 이유는 이런 생각을 했다는 것 자체, 그리고 직접 시내에 나가 현지를 위해 교재를 준비하고 교재에 붙어있는 게 CD라는 걸 알아 CD 플레이어까지 준비해 주었다는 것 자체가 그 어떤 서울의 엄마들보다 아이의 영어 교육을 위해 한 달에 엄청난 돈을 쓰는 엄마들보다 더욱 가치 있고 의미 있는 분이라는 생각이 들었다.

내가 달리 해줄 게 없어 서울 도심의 아이들이 영어 공부를 어떻게 하는지 그리고 앞으로의 영어 공부는 어떻게 진행되어야 하는지를 잠시 설명해 드리고 현지가 앞으로 공부할 수 있는 단어집 등을 보내주겠노라는 말을 남기고 발길을 돌렸다. 인터뷰했던 학부모 중에 가장 기억에 남는 분이셨다.

10

1주일에 한 번, 책 읽는 날을 정해
오로지 책 읽는 것에 집중하고 있어요

(가온: 현 초등 6학년)

가온이는 매력적인 눈매를 가진 6학년의 늠름한 남자아이다. 조금 있으면 중학교에 들어갈 텐데 키는 이미 168cm, 중학교에 갈 때쯤엔 170cm가 훨씬 넘을 것 같다. 너무도 멋지고 잘생긴 모습에 눈을 뗄 수가 없을 정도였다.

가온이는 영어 학습이 워낙 많이 되어있어 중학교 3학년 과정까지는 별문제가 없을 정도라고 한다. 이미 중등어학원에 다니고 있고 형들이 치르는 중간고사, 기말고사 시험지를 별 어려움 없이 풀고 있다. 한 마디로 준비가 참 잘 된 아이다. 누구나 이렇게 준비를 잘하고 또 아이도 잘 따라와 준다면 정말 더 바랄 게 없을 것 같았다.

가온이에게는 1주일에 한 번 가온이만을 위한 특별한 날이 있다. 그날은 학원도 없고, 숙제도 없고(있어도 안 해 가기로 했다) 가온이가 오로지 독서에만 시간을 보내는 날이다. 책을 읽기 위해 굳이 책상에 앉지 않아도 되는 날, 빈둥빈둥하며 최대한의 편한 자세를 취하는 날, 가온이가 미리 정한 간식을 꼭 먹을 수 있는 날, 책 읽기만 집중할 수 있는 날이다. 대신 한국책이든 영어책이든 그 비중을 똑같이 둔다. 그리고 읽은 책 중의 하나는 반드시 글로 남긴다. 이런 특별한 날은 초등학교 3학년 때부터 지금까지 실천하고 있다.

처음엔 아이가 자신에게 주어진 이 오후 하루를 마냥 노는 것으로 생각하여 좋아했다. 당분간 그렇게 내버려 두었다. 요즘 아이들이 워낙 하는 게 많아 하루 정도는 아이를 쉬게 하고 싶다는 생각에 이런 아이디어를 냈는데 3년째 진행하고 있다. 이날을 시작한 지 몇 주 만에 엄마가 먼저 책을 읽는 모습에 아이도 점차 따라 하게 되고, 엄마가 책 읽은 것을 메모해두고 책의 내용 중 좋은 말은 밑줄을 그어놓는 모습을 가온이가 따라 배우며 이날은 온전히 책 읽는 날로 인식하고 계속 유지해 오고 있다.

처음 시작할 때에는 아이에게 책을 큰 소리로 읽게 했었다. 특히 영어책을 읽을 때는 소리 내어 읽고 제일 기억하고 싶은 단어나 문장을 외워 엄마에게 말해 주는 활동을 했었다. 그렇게 점차 연습하니 아이가 책의 문장을 외우는 시간이 점점 짧아지고 이렇게 외우고 자기 것으로 연습하는 습관은 다른 학습에도 그대로 남아 암기를 엄청나게 잘하는 아이로 소문이 날 정도다. 3년 동안 이렇게 하루를 책 읽는 시간으로 남겨두는 날이 중학교에 입학한 후에는 불가능할 것 같은데 그래도 되도록 일주일에 하루 정도는 가온이 만의 시간을 가질 수 있는 날을 만들려고 한다. 형태는 조금 바뀔 수 있지만, 이날을 아이가 대학에 입학할 때까지는 계속 유지하고 싶다. 아마도 그날은 아이가 학원 등을 다니면서 공부했던 것들을 나름의 방법대로 정리하고 기억하며 부족했던 부분은 보충하는 시간이 되지 않을까 한다.

Tip

가온이 엄마와 대화를 하며 엄마가 참으로 여유 있는 엄마라는 생각을 했다. 실제로 아이들이 학년이 높아지면서 대부분 학원에 다니기 시작하면 모든 학과 공부가 학원에 집중되어 있어 자신만의 시간을 갖기가 너무 힘들어진다. 학교 숙제에, 학원 숙제까지 입시가 끝날 때까지 아이들은 학원 스케줄에 빡빡한 시간을 보낼 수밖에 없다.

하지만 한 가지 가온이 엄마에게 배워야 할 것은 반드시 어느 날 하루만큼은 혼자서 공부하는 시간을 꼭 가져야 한다는 것이다. 공부는 누구에게 끌려다니며 하는 게 아니라 본인이 스스로 핸들링하면서 학습의 끈을 이어가야 자기 주도적인 학습이 가능하다. 가온이 엄마는 이런 면에서 아이가 공부하는 내내 우리가 그렇게 외치는 '자기 주도 학습'을 이미 실천하고 있었다. 그것이 자유롭게 아이가 책을 읽는 것 같고 여유로워 보이는 것 같았지만 그런 시간이 습관으로 남아 결국 자신이 그 시간을 스스로 끌고 나갈 수 있도록 만들었다. 대단한 일이다. 아이를 푸시하며 할 것을 강요하는 게 아니라 스스로 할 수 있는 환경을 만들어 주며 어떻게 해야 하는지 몸소 보여주고 아이가 엄마를 따라 할 수 있게 하는 방법들은 우리 엄마들이 모두 본받을 만한 일이었다. 가온이 엄마에게 박수를 보낸다.